Passions Celtes

OUVRAGES DU MÊME AUTEUR

POÉSIE.

Amour breton.
Le Bois dormant.
Le Pardon de la Reine Anne.

ROMANS.

Le Crucifié de Keraliès (*ouvrage couronné par l'Académie française*).
Passé l'Amour.
La Payse.
Morgane.
L'Erreur de Florence.
Les Bonnets-Rouges.
La Cigarière (*nouvelles*).
Ventôse (*sous presse*).

CRITIQUE ET SOCIOLOGIE.

Les Romanciers d'aujourd'hui.
Nouveau Traité de Versification française.
L'Ame bretonne (*première et deuxième série*).
Sur la Côte (*ouvrage couronné par l'Académie française*).
Les Métiers pittoresques.

LES PAYS DE FRANCE

Collection des Écrivains Régionaux

CHARLES LE GOFFIC

Passions Celtes

NOUVELLE
LIBRAIRIE NATIONALE
85, rue de Rennes, 85
PARIS

A GABRIEL AUDIAT,

Au penseur, à l'écrivain, à l'ami,
je dédie ce livre.

Ch. Le G.

Le Marquis Rouge

A Henri Flamans.

Connaissez-vous Guerrande ? C'est un vieux manoir à demi ruiné, mais fort imposant encore et dont les parterres à la française furent dessinés par Le Nôtre en personne. Renversés sur le dossier de nos sièges, la bouffarde aux dents, les pieds sur les chenets, nous étions léans cinq ou six chasseurs de sauvagine qui prolongions la veillée autour d'un grand feu de bûches. A dire vrai, plus d'un œil clignotait déjà. La conversation commençait à languir ; mais cela n'était point pour déranger le bienheureux engourdissement où nous sombrions l'un après l'autre : il y eût aidé plutôt, quand ce grand braque de Trévidic, de qui une nouvelle lampée de *rhuys* venait de réveiller l'humeur batailleuse, s'avisa de chicaner notre hôte sur une étymologie qu'il nous avait donnée le matin même, comme nous nous engagions à sa suite dans les fougeraies que domine l'énorme masse schisteuse du Roc'h-Allaz.

— Le Roc'h-Allaz... la « Roche du Meurtre »...

Hé! dit Trévidic, quel meurtre a bien pu se commettre à cette altitude, sur la crête d'une roche accore de 300 pieds de haut, où n'accèdent que les cabris et les fresaies ? Vous vous êtes moqué de nous avec votre étymologie, mon cher Locmaria.

Guy de Locmaria s'arrêta de contempler les volutes bleuâtres que le fourneau de sa pipe chassait vers les solives armoriées du plafond.

— Avez-vous entendu parler du Markiz-Rû, Trévidic ? demanda-t-il à son interlocuteur.

— Oui... non... ma foi, je ne sais plus... Est-ce un seigneur authentique ou un personnage de légende, votre Markiz-Rû ?

— C'était mon arrière-grand-père, dit Locmaria, en se réveillant tout à fait et en se mettant à arpenter à grands pas la salle du manoir. Lui-même était le fils de ce beau marquis de Locmaria dont l'élégance ravissait Mme de Sévigné et qui n'avait point son pareil pour faire la révérence aux dames. Car, voyez-vous, Trévidic, il n'y a encore que là où l'on reconnaisse du premier coup un homme de qualité : je veux dire à la manière dont il ôte et remet son chapeau. Mme de Sévigné avait parfaitement raison. Et, tout de même, le Markiz-Rû ne rappelait que d'assez loin son père. C'est peu de dire qu'il n'était point né courtisan ; on ne le voyait ni à Versailles, ni aux Etats, ni à la ville voisine. Il ne bougeait pas de son Guerrande où il menait, en plein dix-huitième siècle, la vie d'un féodal du treizième, dès la pointe de l'aube aux trousses de quelque solitaire ou d'un de ces daims tachetés du Palatinat que son père avait lâchés dans les futaies de Kernour et de Lezormel ; le reste de la journée et une bonne partie de la nuit, courant les auberges et les mauvais lieux...

La tradition locale, d'accord ici avec nos portraits de famille, le peint comme une manière de grand barbare, le front bas et fuyant, les maxillaires énormes, les yeux à fleur de peau, petits, durs et comme bronzés, la tête et la moitié du visage enfouis sous une broussaille de poils roux, mais d'un roux si vif qu'il en fulgurait. D'où son sobriquet de « Mar-kiz-Rû » ou « Marquis Rouge », qu'il eût aussi bien pu s'attirer par sa brutalité, les meurtres, rapts et violences de toute espèce, réels ou imaginaires, dont le chargeait la rumeur publique. J'ai ouï dire qu'à quinze ans il faisait déjà la terreur de son entourage, au point que sa mère, la vertueuse Claude de Névet, quand il sortait, courait sonner elle-même la cloche du château pour donner l'alarme aux manants. Ah ! le gaillard promettait ! Et le pis est qu'il tint toutes ses promesses. On parle encore, aux veillées, du terrible Markiz-Rû, et j'en sais qui se signent quand on prononce son nom. Filles violentées, nonnes enlevées de leur couvent, rivaux expédiés à coups de dague ou de *penn-baz*, il n'y a point de méfait qu'on ne lui impute. Sa dureté envers ses gens était incroyable ; il ne leur passait pas la plus petite faute. Pour un oui, pour un non, il les rossait jusqu'au sang : il avait toujours à la main un petit

1*

fouet de chasse à triple lanière, chaque lanière terminée par une balle de plomb, dont il cinglait la figure du premier qui lui déplaisait.

En vérité, je me demande par quelle grâce d'état, bâti sur ce modèle, aussi laid moralement que physiquement, quadragénaire de surcroît, ce diable d'homme réussit à trouver femme, j'entends femme de son rang, et, ce qui vous étonnera davantage encore, Trévidic, jeune, riche, élégante et jolie. Le certain pourtant est qu'il se maria et que sa femme lui donna deux jumeaux, lesquels pouvaient bien avoir une huitaine d'années au moment où se passe mon histoire. Et le certain aussi est que le mariage ne le corrigea ni peu ni prou, si le dicton qu'on lui prête à son lit de mort n'est pas une invention :

> *Etre Montroulez ha Guerrand,*
> *Me'meuz eur varkizez ha kant...*

« Entre Morlaix et Guerrande, j'ai cent et une marquises... » Marquises de la main gauche, bien entendu, marquises tout de même, puisqu'il se targuait d'avoir de chacune un *ruzic*, — un petit « rouquin », comme on disait déjà dans les romans de Rétif de la Bretonne, — et qu'il leur laissa par testament, pour élever cette progéniture biblique, cent et un écus de six livres à chacune. La vraie, l'unique marquise de Locmaria s'était, entre temps, retirée à Lannion, chez ses parents, et de son plein gré, selon les uns ; dans un couvent, et chassée par son mari, suivant les autres. Vous opterez entre les deux versions... Toujours est-il que le Markiz-Rû avait gardé les jumeaux près de lui, qu'il les élevait à sa façon, qui n'était peut-être pas la meilleure, et qu'il montrait pour eux un véritable attachement.

C'était même un sujet d'admiration pour la paroisse que cette manière de tendresse paternelle qu'on n'eût jamais osé attendre d'un tel personnage, délibérément fermé par ailleurs à toute espèce de sentiment généreux. Car le Markiz-Rû, en vieillissant, ne s'était guère amendé ; sa morgue et sa brutalité s'étaient plutôt développées avec l'âge, et il n'y parut que trop bien par la suite des événements.

.·.

On était à la fin de l'automne. Le Markiz-Rû avait décidé de donner à ses jumeaux, qui l'accompagnaient pour la première fois à la chasse, montés sur deux petits chevaux nains d'Ouessant, le régal d'une grande battue au sanglier dans les bois de Coat-an-Salle.

La bête se laissa facilement débûcher et, tout de suite, les briquets d'attaque lui soufflèrent au poil ; mais ils avaient compté sans leur hôte qui, se ramassant et coupant par la traverse de Pen-ar-Lan, se jeta dans les fourrés du Launay, traversa un petit bras de mer, rentra sous le fourré et eût inévitablement échappé aux veneurs, si le marquis, devinant le jeu de la bête, ne s'était hâté d'envoyer un de ses valets de meute, avec un relais de chiens frais, à l'entrée des gorges de l'Hirglaz (c'est le nom que portait à cette époque le Roc'h-Allaz), où elle devait fatalement s'engager.

Le valet de meute interpréta-t-il à contre-sens les ordres de son maître ou fit-il exprès de se poster de l'autre côté de l'Hirglaz, entre la Lieue-de-Grève et la roche ? Jorand Le Minous — le valet en question — était un ancien métayer de Ploégat, grand, vif, bien découplé, jarrets d'acier et poigne de fer. Entré depuis peu dans la domesticité du château, il n'avait donné jusqu'alors aucun sujet de plainte et s'était plié à toutes les exigences de son service avec un zèle, une ponctualité d'autant plus méritoires que, fiancé à une délicieuse *pennerez* de la paroisse, Mona Nédélec, il s'était vu enlever sa belle par le marquis la veille du jour fixé pour leurs noces. De ce rapt effronté Jorand semblait n'avoir gardé nulle rancune à son auteur. « Il est comme les chiens qu'il mène, disait-on dans la paroisse ; il court lécher la main qui l'a battu. » Mais d'autres, qui connaissaient mieux Jorand, hochaient la tête et s'étonnaient que le Markiz-Rû eût été assez imprudent pour accueillir dans sa domesticité un homme à qui il avait fait un tel outrage.

Cette opinion eût bien donné à rire sans doute au seigneur de Guerrande, tant il se croyait, par sa naissance, à l'abri de toutes les vindictes privées ou publiques ! Jorand était jeune, leste et vigoureux : il n'en avait pas fallu davantage pour que le Markiz-Rû l'admît à l'honneur de soigner son chenil. Et, quant à craindre enfin quelque chose du côté de

Mona, c'est ce qui paraissait plus invraisemblable encore. La belle, après quelques cris et une défense de pure forme, s'était fort bien accommodée de son changement de condition. Montée sur une haquenée blanche, elle suivait la chasse aux côtés de son nouveau maître et seigneur : de Jorand et de sa déconvenue, elle n'avait pas l'air de se soucier plus que de sa première catiole.

Le sanglier suivit exactement l'itinéraire prévu par le marquis ; il déboucha, toujours roulant, dans les gorges de l'Hirglaz, mais, n'y ayant point trouvé de chiens frais et ayant semé les autres en route, il put gagner les hauteurs et se perdre sous le couvert. Vous jugez, Trévidic, de la colère du Markiz-Rû en arrivant sur les lieux. Séance tenante, il arrêta la chasse, commanda qu'on fît chercher Jorand Le Minous et qu'on le lui amenât mort ou vif.

Quand Jorand fut devant lui :

— C'est toi qui as posté le relais sur la Lieue-de-Grève, de l'autre côté de l'Hirglaz ?

— Oui, monseigneur, dit Jorand sans se troubler et sans baisser les yeux.

— Pardieu ! voilà un « oui » bien arrogant et qui sonne d'une étrange façon dans la bouche d'un coquin pris en faute !... Or çà, maroufle, sais-tu que j'ai une recette infaillible pour rabattre le caquet aux insolents de ta sorte ? Je ne voulais d'abord que t'appliquer une paire de soufflets. Tu mérites mieux... Verduret ! Pontois ! La Ramée !

— Présent, monseigneur ! dirent les gardes.

— Empoignez-moi ce drôle, commanda le marquis. Bas les chausses ! Et qu'on le fouaille céans devant tous, comme un chien galeux qu'il est !...

Et, par un raffinement de cruauté vraiment diabolique, se tournant vers l'ancienne fiancée de Jorand et lui tendant son fouet à trois lanières lestées de plomb :

— Allons ! Hop, la belle ! Sautons de notre haquenée : à vous l'honneur du premier coup !

On connaissait si bien le terrible Markiz-Rû, on avait tant de fois éprouvé son humeur intraitable, qu'en dépit du frémissement qui courut dans l'assistance, personne, ni les gardes, ni l'ancienne fiancée de Jorand, n'osa se soustraire à l'ordre tombé de sa bouche. Jorand, d'ailleurs, ne fit aucune résistance : insensible, eût-on dit, à l'humiliation comme à la souffrance, il ne poussa pas un cri tant que dura l'infamant supplice, et c'est à peine s'il laissa échapper un léger tressaillement quand la main de Mona lui appliqua le premier coup d'étrivière :

— Pardonne-moi, Jorand, dit-elle tout bas.

Le fouet, passant de main en main, eut bientôt mis à vif les reins du malheureux. Campé sur son robuste boulonnais, la dextre sur la hanche, le Markiz-Rû présidait à l'exécution de Jorand, sans qu'un muscle de son visage trahît la moindre émotion. Botte à botte à ses côtés, Alain et René, — les frères jumeaux, — regardaient sans comprendre.

— Assez ! dit enfin le marquis. Qu'on le détache

et qu'on lui remonte les chausses... Eh bien ! drôle,
continua-t-il, quand Jorand fut debout, pâle, mais le
regard assuré, as-tu toujours le verbe aussi haut ?

— Toujours, dit Jorand.

— Ouais ! La leçon a donc été trop douce ? Pardieu ! nous allons la recommencer, puisque le cœur
t'en dit, mais cette fois...

.·.

Il n'acheva pas. Profitant de l'inattention des
gardes, Jorand, d'une détente de ses jarrets nerveux,
venait de sauter sur l'un des jumeaux, — René, —
l'avait enlevé de selle comme une plume et, le chargeant sur ses épaules, s'était élancé avec lui à l'as-
saut de l'Hirglaz.

La chose s'était exécutée avec une telle rapidité
que les gens du marquis, pétrifiés, n'avaient pas
songé à intervenir et, quand ils y songèrent, Jorand
avec sa proie, de saillie en saillie, était déjà plus qu'à
moitié route de la crête.. Le sang qu'il avait perdu
ne lui avait rien ôté de son élasticité... ou peut-être
que la joie de se venger décuplait ses forces, lui com-
muniquait une énergie surnaturelle. De fait, un cabri
n'eût pas escaladé avec plus d'aisance ces schistes
verticaux, taillés en lame de rasoir et qui décou-
paient une ombre menaçante sur la tête du Markiz-
Rû.

Celui-ci, le premier moment de stupeur passé,
avait saisi sa carabine et couché en joue le ravisseur
de son fils : la crainte de tuer le petit René retint le

coup prêt à partir. Jorand, d'ailleurs, n'était plus qu'à quelques pouces de la crête : il y toucha bientôt, s'y dressa de toute sa stature et, prenant l'enfant sous les aisselles, il le balança au-dessus de l'abîme.

— Arrête ! cria le Markiz-Rû, hors de lui. Arrête, misérable, ou sinon...

Jorand sourit avec dédain. Un mur perpendiculaire de trois cents pieds d'altitude le séparait du marquis ; à cette hauteur, il pouvait braver impunément son bourreau. Celui-ci s'en rendit compte et, changeant de ton :

— Jorand, Jorand, je t'en supplie, arrête ! Arrête, et je te donne ta grâce...

— Je n'ai que faire de votre grâce là ou je suis, dit Jorand.

— J'y ajouterai cent écus, Jorand, deux cents, trois cents écus, s'il le faut.

— Peuh ! dit Jorand.

— Et je te rendrai ta fiancée par-dessus le marché.

— Lui rendrez-vous aussi l'honneur, Markiz-Rû ?

— Fais donc tes conditions toi-même, démon ! Demande-moi ce que tu veux.

— Ce que je veux? dit Jorand, sans se départir de son flegme. Je veux que vos gardes vous fassent subir devant tous, à la place où j'étais tout à l'heure, la même correction qu'ils m'ont infligée par vos ordres... Je veux qu'on vous mette bas les chausses comme à moi ; je veux qu'on vous fouaille comme moi, et je veux que le premier qui vous fouaille, ce soit... ah ! ah ! ce soit celui qui vous est le plus cher, l'enfant qui vous reste, votre fils Alain, monseigneur.

— La malepeste t'étouffe ! rugit le Markiz-Rû. Sais-tu à qui tu parles ?

— Vous refusez ? dit Jorand. Alors...

Et il fit mine d'ouvrir les bras et de lâcher le petit René qui, muet d'horreur, les prunelles rétractées, se roidissait dans le vide au bout de ses poignets.

— Non ! Non ! Attends encore un peu... Ne le lâche pas, Jorand... Je n'ai pas dit mon dernier mot.

— Mais moi j'ai dit le mien, Monseigneur. C'est à prendre ou à laisser.

— Ah ! tu me le paieras, bandit ! gronda intérieurement le Markiz-Rû qui fit signe à ses gardes d'approcher.

Et à voix haute :

— Vous avez entendu, vous autres ? Puisque cet homme l'exige, traitez-moi comme vous l'avez traité...

Ce fut une scène épouvantable, Trévidic. A chaque coup de lanière qui cinglait les reins du marquis, la voix de Jorand, d'en haut, criait :

— Plus fort ! Plus fort ! Il faut que la peau lui pète comme à moi.

Et le marquis, pour obtenir la grâce de son enfant, répétait lui-même :

— Plus fort ! Ne me ménagez pas... Faites comme il dit.

Zébrés de raies sanguinolentes, ses reins gonflaient, s'excoriaient ; des lamelles de chair rouge restaient pendues aux lanières. Jorand, comme au spectacle, savourait en dilettante sa vengeance, repaissait voluptueusement ses yeux des soubresauts d'agonie de son bourreau devenu sa victime et passant à son tour par toutes les phases du supplice qu'il avait enduré. Mais enfin le dernier coup de lanière s'imprima en vif sur les reins du Markiz-Rû que ses valets aidèrent à se relever. Il titubait comme un homme ivre. Du moins pensait-il avoir payé largement la grâce du petit René. Un éclat de rire sarcastique lui répondit de la crête de l'Hirglaz : c'était Jorand qui consommait sa vengeance en s'abîmant dans le vide avec le fils du marquis. Deux corps étroitement enlacés fendirent l'air, s'accrochèrent un moment à une aspérité de la roche, rebondirent de saillie en saillie et vinrent s'écraser aux pieds du seigneur de Guerrande ; les deux corps, quand on les releva, n'étaient plus qu'une bouillie... Comprenez-vous, à présent, Trévidic, pourquoi l'Hirglaz a changé de nom et est devenu le Roc'h-Allaz ou la « Roche du Meurtre » ?

.˙.

— Oui, dit Trévidic, je comprends. Mais, tout de même, il y a une chose qui m'échappe dans votre histoire...

— Et laquelle ? demanda Locmaria.

— C'est que ce soit vous qui nous la racontiez.

Ne nous avez-vous pas dit que le Markiz-Rû était votre arrière-grand-père ?

— Et je ne m'en dédis point, Trévidic.

— Concédez donc que vous manquez quelque peu d'indulgence filiale, Locmaria... Brr ! quel portrait vous nous avez tracé du personnage !...

— Le portrait n'a rien d'outré, dit lentement Locmaria, et, si vous aviez attendu la fin de mon histoire, peut-être que votre étonnement n'eût pas été aussi vif. C'est mon arrière-grand-père lui-même qui voulut qu'on n'ignorât rien de son passé. La mort de son fils René avait été comme un coup du ciel qui foudroya en lui le vieil homme. Ses yeux se dessillèrent ; son cœur s'ouvrit à des sentiments qu'il ne soupçonnait pas : il connut le repentir ; il détesta ses fautes et, proportionnant l'expiation à leur étendue, il s'imposa d'en faire une confession générale et publique devant tous ses vassaux assemblés, dans la salle même où nous sommes. Pieds nus, en chemise, la hart au col, il se présenta devant eux et leur demanda pardon à genoux. La marquise de Locmaria assistait au gala, et c'est à elle d'abord qu'il demanda pardon, la conjurant de daigner reprendre sa place au foyer dont il l'avait ignominieusement chassée et de veiller avec soin sur le fils qui lui restait pour qu'il fût élevé dans la crainte de Dieu et le respect de ses commandements. Puis il dicta son testament, par un article duquel il fondait à Guerrande un hospice pour les pauvres et dont un autre assurait, comme je vous l'ai dit, le

sort de ses cent et une marquises et de ses cent et
un enfants de la main gauche. Ces dispositions
prises, le Markiz-Rû se coucha sur un lit de cendres
qu'il avait fait préparer dans la pièce la plus misérable de son logis, battit sa coulpe, reçut l'extrême-
onction avec une ferveur qui arracha des larmes à
tous les assistants et trépassa le soir même, neuvième jour du mois de décembre 1769. Sa vie avait
été d'un pandour ; sa mort fut d'un saint...

— Et voilà comme on gagne le paradis ! ricana en
manière de « moralité » ce braque de Trévidic.

L'Islandaise

A Edouard Champion.

Soutenu par Kaethe, qui guidait sa marche encore un peu hésitante, Tugdual Manchec — Tual, comme on l'appelait par abréviation — ploya sa haute taille de Celte blond pour franchir le seuil du *bœr*, dont l'huis, il est vrai, était ridiculement bas et étroit.

Mais les demeures islandaises ont fort à faire avec la neige, le vent, le brouillard ; elles se barricadent comme elles peuvent contre ces ennemis du dehors et leur laissent le moins d'accès possible, quitte à se passer d'air et de clarté. Ainsi en était-il du *bœr* Egilssön, petit cube de lave et de tourbe coiffé d'un toit pointu, dont les pentes gazonnées ondulaient au printemps comme une véritable prairie.

Depuis que Tual était hospitalisé dans ce bouge fumeux et solitaire de Fifa-fiord, c'était la troisième sortie qu'il faisait au soleil, — un pâle soleil agonisant de l'automne boréal. La nuit polaire était proche. Encore quelques jours et ses limbes blafards allaient envelopper pendant sept mois la terre d'Islande. Au même moment, là-bas, derrière l'horizon, les goélettes moruyères ralliaient leurs baies natales : Tual, en fermant les yeux, croyait revoir leurs fines mâtures qui se balançaient sur la nacre du ciel breton, au large de Paimpol, de Dahouet et de Binic. Il en manquait trois à l'appel, trois de Paimpol justement, couchées par le même coup de noroît dans le cimetière des eaux islandaises, à quelques milles de la pointe Westre-Horn qui sépare du petit fiord de Fifa la dangereuse baie foraine de Hornwig.

Sa goélette, l'*Etoile-d'Arvor*, était parmi les trois. Tandis que le reste de la flottille cherchait un abri derrière la pointe, l'*Etoile-d'Arvor*, la *Marjolaine* et l'*Aimée-Augustine*, sollicitées par l'abondance du poisson, s'attardaient imprudemment sur les lieux de pêche et ne remarquaient point que le courant les rapprochait insensiblement de la terre. Ce fut leur perte. Quand elles voulurent gagner la haute mer, la violence du vent était telle qu'elles ne purent mettre dehors un bout de toile. Une lame cassa le gouvernail de l'*Etoile-d'Arvor* ; une autre la prit par le travers et l'envoya rouler sur les ragues de la pointe où elle se défonça.

La catastrophe fut si soudaine qu'aucun homme n'en réchappa, à l'exception de Tual. Lancé par un paquet de mer contre la vitre d'une claire-voie qui lui entailla la jambe gauche jusqu'à l'os, il parvint cependant à grimper dans la mâture avec le mousse et y demeura toute une nuit cramponné dans les haubans. Ces ténèbres glacées, les lames et les embruns qui déferlaient sur les malheureux, eurent bientôt raison du mousse qui perdit connaissance et fût tombé à l'eau si, pendant les trois heures que dura son agonie, Tual ne lui avait fait une ceinture d'un de ses bras. Mais lui-même se sentait à bout de forces. Ses membres s'engourdissaient; la blessure de sa jambe gauche lui causait une douleur intolérable. Enfin le retrait de la marée laissa les brisants à sec et il put descendre de la mâture sans risquer d'être englouti. Autour de lui la grève était jonchée de cadavres. Il n'apercevait aucune habitation et, craignant de mourir de soif et de faim, après avoir failli mourir noyé, il se traîna vers l'intérieur pour y chercher du secours.

Peu s'en fallut qu'il n'y trouvât une mort plus atroce que celle de ses camarades. Cette partie de la côte islandaise, bordée de terrains d'alluvion, formait au pied des contreforts de l'Orœff une immense tourbière de plus de vingt milles d'étendue : de hautes herbes, une légère croûte de givre, lui donnaient du rivage la trompeuse apparence d'un steppe ; au-dessus de ce marécage, comme au-dessus d'un charnier, tourbillonnaient des myriades d'oiseaux noirs. La tourbière avait emprunté d'eux son nom sinistre de Hrafuaga ou Val des Corbeaux. Tual s'engagea sur ce sol spongieux, et il n'y avait pas fait trois pas qu'il était déjà enlizé jusqu'à mi-corps. Sa faiblesse, le sang qu'il avait perdu, ne lui laissaient aucun espoir de se sauver : il poussa un cri de détresse et s'évanouit.

Il sut plus tard que ce cri avait été entendu d'un trappeur de Fifa-fiord, Jörgen Egilssön, qui s'était glissé jusqu'à lui en rampant, lui avait passé une corde autour des aisselles et avait réussi à le haler sur la grève. Tual respirait encore : l'Islandais n'eut qu'à siffler entre ses doigts pour faire accourir ses deux poneys qui paissaient aux environs.

Dans les plus pauvres *bœrs* d'Islande, on voit de ces petits chevaux à l'encolure un peu lourde, mais au jarret de fer, dont l'élevage est la principale ressource des indigènes et qui, nourris la moitié du temps de goémons et de poisson séché, joignent à une extraordinaire sobriété une intelligence et une alacrité sans pareilles. La direction une fois donnée, — et il y suffit d'un sifflement modulé d'une certaine façon, — ils filent comme des traits et, dans un pays sans routes, raviné, semé de pièges, ne s'égarent jamais et ne s'arrêtent qu'à l'étape. Nombre de nos équipages naufragés ont dû leur salut à ces vaillantes petites bêtes, et Tual leur dut aussi le sien.

Le vieux Jör l'avait hissé sur le plus résistant de ses poneys et avait sauté en croupe derrière lui. Quelques minutes plus tard, aidé de sa fille Kaethe, il le transportait de l'autre côté de la pointe, à l'intérieur du *bœr*, où un pansement sommaire, la chaleur du foyer et d'énergiques frictions le tirèrent de son engourdissement. Mais la convalescence du blessé fut longue. Une pleurésie se déclara. Le *bœr* Egilssön était la seule habitation de Fifa-fiord et, pour dénicher un médecin, il eût fallu courir jusqu'à cinquante ou soixante milles de là.

Par bonheur, Tual jouissait d'une constitution robuste : la nature aidant, et peut-être aussi les tisanes de Kaethe, ses psaumes et ses beaux yeux, le malade donna moins d'inquiétude à ses hôtes. Il se leva. Tandis que le vieux Jör visitait ou posait ses trappes, Kaethe aidait Tual à s'habiller et à faire ses premiers pas. Elle le menait dans l'atelier où elle préparait les peaux des bêtes capturées par son père, martres-zibelines, loutres, visons, renards bleus et blancs, qu'elle allait vendre une fois l'an au marché d'Alkurere, confortablement assise sur la selle à dossier de scn poney, vêtue de son plus beau *vadmel* à galons de velours et coiffée de son *faldr* des jours de fête, qui est une sorte de hennin recourbé à son extrémité comme une proue de gondole. En semaine, elle portait une jupe et un corsage de grosse laine qui s'agrafait par devant, et sa coiffure était une petite calote plate de drap noir dont la houppe passait dans un coulant de métal et battait tantôt l'une, tantôt l'autre de ses épaules. Elle avait de longues nattes de cheveux clairs qui pendaient sur son dos, des yeux d'un vert aigu comme les ulves des grèves, un grand front lisse, la peau blanche, la taille souple. Ayant servi, petite fille, chez un *cocman* danois qui approvisionnait d'eau-de-vie les pêcheurs en relâche, elle savait assez de français pour se faire entendre du malade.

Elle était sérieuse, mais ne semblait pas farouche. Elle n'écartait pas les caresses. Chaque matin et chaque soir, elle baisait Tual sur la bouche. C'est le rite de l'hospitalité islandaise qui veut que la maîtresse du logis, à l'hôte que Dieu lui envoie, présente d'abord une jatte de lait où elle a trempé ses lèvres, puis ces lèvres mêmes à goûter.

Et Tual, sensible à la nouveauté du régime, oubliait peu à peu la fiancée qui l'attendait en Bretagne et dont la photographie, accrochée au panneau de sa couchette, dans un cadre en lamelles de pommes de pin, reposait sous trente brasses d'eau, à la pointe Westre-Horn, avec la coque de l'*Etoile-d'Arvor*...

Ce jour-là, surtout, Tual se sentait d'humeur tendre.

Il était seul avec Kaethe. Le vieux Jör, parti visiter ses trappes, ne devait pas rentrer avant le soir, et sa fille avait tout le temps de lui apprêter la soupe au lichen de mer et la tranche de saumon fumé qui composaient son menu habituel. Si pâle que fût le soleil, sa chaleur pénétrait le convalescent. Des eiders, dans le fiord, lissaient leurs plumes renaissantes ; et, sur la dune où s'assit le couple, il y avait encore, comme au milieu de l'été, des parnassies en fleurs et de minuscules pensées sauvages.

Mais Kaethe était plus jolie que les pensées et les parnassies, et c'était d'elle que le cœur de Tual était occupé. Il lui avait pris les mains et elle n'essayait pas de les dégager. Passive et douce, l'Islandaise semblait n'avoir d'autre volonté que celle de son hôte. Et Tual, retenu jusqu'alors par le sentiment des obligations qu'il devait au vieux Jör, s'enhardit jusqu'à frôler la poitrine de Kaethe qui gonflait.légèrement la laine du *vadmel*. Elle sourit et dit au convalescent :

— Christ soit loué ! Je vois que tu es guéri.

Il interpréta ces paroles pour un encouragement et ses derniers scrupules s'envolèrent ; avec son ancienne rudesse d'homme de mer, il empoigna Kaethe par la taille. La résistance de la jeune fille le surprit. L'Islandaise était plus vigoureuse qu'il n'avait cru et lui-même avait trop présumé de ses forces.

— Ah ! dit-il, un peu dépité, en lâchant Kaethe, si je n'avais pas été malade !

— Si tu n'avais pas été malade, riposta Kaethe, tu serais en ce moment dans ton pays, avec les hommes de ta race. Mon père t'aurait prêté un de ses poneys et, d'étape en étape, tu aurais gagné Alkurere ou Reikiavik, d'où l'on t'aurait rapatrié... Si tu n'avais pas été malade, tu ne saurais seulement plus mon nom...

Tual voulut protester. Il jura gauchement qu'elle se trompait et qu'il l'aimait trop pour jamais l'oublier.

— Est-ce vrai ? dit-elle. Tu n'as pas laissé là-bas une femme, une promise ?

Il répondit, en détournant les yeux pour cacher son trouble :

— Là-bas, maintenant, tout le monde me croit noyé. Ma femme, si j'en avais une, ne resterait pas longtemps veuve, et ma promise se marierait avec un autre.

Kaethe ne se méprit point à cette réponse évasive... Puis elle connaissait l'âme changeante et nostalgique des Bretons.

— Tu es notre hôte jusqu'au printemps prochain, dit-elle à Tual. Tu m'aimeras peut-être jusque-là ; mais, quand tu reverras les goélettes de ton pays, tu n'auras pas la force de rester avec nous. Tu t'en iras...

— Et si je restais ? demanda Tual.

— Si tu restais ! s'écria Kaethe, la voix moins assurée, car elle aussi aimait Tual.

— Oui... Je suis bien ici... Quand je serai complètement rétabli, j'accompagnerai Jör à la chasse : il m'apprendra son art... Ou bien, tandis qu'il posera ses trappes, j'irai dans la baie pêcher des morues et des flétans. Avec les épaves de l'*Etoile-d'Arvor* je ne serai pas long à me construire une barque. Tu verras quel fin pêcheur je suis ! Et nous ne nous quitterons plus, Kaethe.

—Je vais bien savoir si tu es sincère, dit l'Islandaise.

Elle se leva et il la suivit vers un tertre abrupt dont il n'aurait pu tenter seul l'escalade. Mais Kaethe le soutenait dans les passages difficiles. Quand il fut sur le tertre, il découvrit de l'autre côté du fiord une immense plaine lépreuse, mouchetée de carex et de saules nains couleur de rouille, sous un ciel bas que rayaient de grands vols d'oiseaux noirs...

— C'est le Hrafuaga, dit Kaethe : c'est là que tu as failli périr enlizé...

— Je me rappelle, dit Tual, qui ne put retenir un frémissement.

— Ces tourbières, continua Kaethe, sont si dangereuses, tant d'êtres y ont péri, qu'on les redoute plus ici que le feu des *yoklars*. Il faut une connaissance singulière du pays pour les distinguer des terres solides qui les entourent. Aussi croirais-je volontiers ce que racontent les Sagas, que, dans l'ancien temps, chez nous, les amants, au lieu de se jurer fidélité sur la Bible et leur salut éternel, prenaient à témoin les boues du Hrafuaga. Ils disaient : « Si je trahis mes promesses, que je sois englouti par la tourbière ! » Veux-tu répéter avec moi, Tual : si je trahis mes promesses...

— Si je trahis mes promesses, répéta machinalement Tual.

— Que je sois englouti par la tourbière !

— Que je sois englouti par la tourbière !

— C'est bien, dit Kaethe. Maintenant tu peux me prendre quand tu voudras : je t'appartiens âme et corps.

Ils s'aimèrent jusqu'aux approches d'avril. En

l'absence du pasteur, le vieux Jör leur avait donné
sa bénédiction. Tual accompagnait son beau-père à
la chasse et, d'autres fois, avec la petite yole qu'il
s'était fabriquée, il se hasardait sur les eaux du fiord
et regardait vers l'Ouest, du côté où les goélettes
bretonnes ont coutume d'aborder la terre d'Islande.

Les goélettes ne paraissaient pas. Elles étaient de
retour pourtant, mais elles faisaient la pêche plus au
Sud... Il soupirait. Certes il ne pensait pas à quitter
Kaethe ; il l'aimait encore ; mais il lui eût été doux de
revoir des figures de connaissance, d'apprendre les
nouvelles du pays et ce qui était advenu de Françoise
Lhostis, la fiancée qu'il avait laissée à Kerfot. Etait-
elle mariée ? L' « espérait »-elle toujours en dépit
du bruit de sa mort ?

Un après-midi, sur la grève, comme il halait sa
barque au sec, il aperçut dans les goémons, au milieu
d'épaves sans intérêt, le cadre en lamelles de pommes
de pin qui contenait la photographie de Françoise et
que le flux avait porté là comme à dessein. Il s'en
empara vivement, le cœur battant à rompre : la photographie, seulement un peu effacée, comme rendue
plus lointaine, était intacte. Il demeura plus d'une
heure à la contempler et, en rentrant chez Jör, le
soir, sur le chemin du *bœr*, il la tira encore trois ou
quatre fois de sa vareuse pour la regarder.

Il n'avait pas fait part de sa trouvaille à Kaethe ;
mais son air soucieux, absent, ses réponses embar-
rassées, ses silences, étaient pour l'Islandaise de sûrs
indices. Elle attendit qu'il fût endormi et n'eut pas

de peine, en fouillant ses hardes, à découvrir le portrait de Françoise. Elle le replaça sans rien dire dans la poche de la vareuse et se recoucha près de Tual. Elle savait maintenant que c'était fini de leurs amours, que ni ses prières, ni ses caresses, ni même le petit être qu'elle portait dans ses flancs ne seraient capables de retenir le Breton. Quand la tentation serait trop forte, il s'en irait. Et elle se tint prête pour l'heure marquée par le destin.

Tual ne parlait presque plus, mangeait à peine et du bout des dents. A table, le couteau en l'air, fiché dans son poing immobile, il s'arrêtait parfois entre deux bouchées, les yeux perdus au loin, oubliant la tranche de poisson que lui avait servie Kaethe ou le rôti de lagopède dont il était naguère si friand... L'hiver se prolongeait plus que d'habitude et, bien qu'on fût en avril, autour du *bœr* et par delà jusqu'aux montagnes de l'intérieur, toute la terre était blanche. Pourtant la nuit polaire approchait de son terme. Et Tual se morfondait dans l'attente. Tout l'agaçait, l'attitude flegmatique du vieux Jör, les psaumes de Kaethe, l'absence de pain, le petit-lait coupé d'eau, seule boisson du *bœr*, l'affreuse odeur d'huile rance que dégageait le foyer où ses hôtes, pour activer la combustion de la tourbe, lançaient des quartiers de pingouins, de macareux et de malainocs tués à coups de bâton sur les roches. Il vivait dehors le plus qu'il pouvait, et de préférence en baie, sur sa yole, trop petite pour les aventures du large ; il n'accompagnait plus Jör dans ses expéditions, et celui-ci, paternellement, lui en fit des reproches :

— Si tu étais venu avec moi ce matin, tu aurais rencontré le *cocman* d'Alkurere. Il allait à Seidis-fiord, où les « chasseurs » de Paimpol doivent charger cette année la première pêche des goélettes. Il s'est enquis de la santé de Kaethe et m'a offert un coup de genièvre. C'est une fameuse boisson, ce genièvre.

Tual tressaillit ; mais il eut assez d'empire sur lui-même pour dissimuler son émotion, et il demanda de la voix la plus naturelle qu'il put prendre :

— De quel côté est-ce, Seidis-Fiord ? Dans l'Ouest ? Dans l'Est ?

— Dans l'Ouest.

— Et loin ?

— Ça dépend... Par l'intérieur, en été, avec les détours, on n'en serait pas quitte à moins de trois jours de cheval... tandis que, par le Hrafuaga, quand la tourbière est gelée comme maintenant, il n'y a certainement pas plus de douze milles : on peut faire la traite en quelques heures.

— Ah ! dit Tual. Et vous croyez que le Hrafuaga est encore avez solide...

— Il ne faudrait pas trop attendre évidemment... Le dégel ne tardera plus beaucoup... Mais enfin tant que les corbeaux n'auront pas reparu...

— Les corbeaux ?

— Oui... ce sont eux qui nous renseignent... Quand ils rallient le Hrafuaga, à la fin de l'hiver, c'est signe que la tourbière se dégage... Jusque-là...

— Je comprends, dit Tual.

Kaethe écoutait, le sang figé. Vieil imbécile de Jör, qui, sans le savoir, par ses bavardages séniles, venait de lui porter le coup de grâce ! Elle était accroupie sur la dalle de l'âtre, sa tête dans ses mains et ses coudes sur ses genoux, et ainsi aucun des deux hommes ne put remarquer sa pâleur. Jör, au bout de quelques minutes, gagna son lit. Il était vieux et las, mais Tual prétexta un léger mal de tête pour sortir au grand air.

— Couche-toi, dit-il à Kaethe. Il est inutile que tu m'attendes.

Et il se pencha pour l'embrasser sur les joues ; mais Kaethe lui tendit ses lèvres, qui étaient brûlantes, et son baiser se prolongea plus que d'habitude...

A peine s'était-il éloigné que l'Islandaise sortit à son tour. Elle prenait soin de raser les clôtures du *bœr* pour dissimuler sa présence. En passant devant l'écurie, elle vit la porte entr'ouverte et Tual qui sellait un des poneys. Son pressentiment ne l'avait donc point trompée : dans son impatience à tirer parti des renseignements du vieux trappeur, Tual n'avait même pas pu différer jusqu'au lendemain l'exécution de ses projets ! Elle coupa par la traverse pour gagner plus vite le Hrafuaga et, cachée dans un pli de la dune voisine, elle se tint aux aguets. Elle ne couvait aucun dessein criminel ; elle ne méditait point de se dresser brusquement devant le fourbe et de lui jeter au visage sa mauvaise foi, son serment parjuré. Ce serment théâtral sur les boues de Hrafuaga, elle ne le lui avait fait prêter d'ailleurs que pour frapper son imagination superstitieuse de Celte : rassuré par Jör, certain désormais qu'en hiver la tourbière était inoffensive, Tual devait sourire de ses frayeurs d'antan. Et Kaethe, résignée à l'inévitable, ne voulait que retarder l'instant cruel de la séparation, fixer en elle une dernière image du fugitif...

Au bout de quelques minutes, elle distingua une ombre qui galopait dans sa direction : à la haute taille du cavalier, elle reconnut Tual et, pour qu'il ne l'aperçût pas, elle se rasa derrière les chardons de la dune. Le cheval et l'homme passèrent à la frôler. Ils allaient vers le Hrafuaga. Sans hésiter, Tual lança le poney dans la tourbière. Pas une fois en chemin il ne s'était retourné vers le *bœr*, où il laissait une femme, un enfant près de naître, un vieil hôte qui l'aimait comme son fils. Et le cœur de Kaethe se serra... Le poney fendait l'espace. Mais il semblait qu'en avançant son pied devint moins sûr ou plus embarrassé. A deux reprises il émit un bref hennissement qui inquiéta l'Islandaise. Elle observa plus attentivement les choses autour d'elle et remarqua seulement alors que le temps avait changé dans la nuit : les vents s'étaient établis au sud ; l'air était moins vif ; d'un des arbrisseaux chargés de givre derrière lesquels elle s'était tapie des gouttes tombèrent sur sa main...

Le dégel, grand Dieu !

Elle se redressa, frémissante. Elle cria de toutes ses forces : « Tual ! Tual ! Reviens ! » Il ne l'entendit pas ou se méprit peut-être sur le sens de ses appels. Jör n'avait-il pas dit : « Rien à craindre, tant que les corbeaux ne sont pas de retour » ? Or, aussi loin que s'étendait le regard, la tourbière était nue, sans un pli, sans une tache.

Cette constatation rendit un peu d'espoir à Kaethe. Si quelqu'un connaissait le Hrafuaga, c'était bien son père : après soixante ans de tête-à-tête, d'intimité quotidienne, le sinistre marécage n'avait plus de secrets pour lui. Jör ne pouvait pas s'être trompé. Et, malgré tout, elle gardait une sourde appréhension. Elle leva les yeux, comme pour implorer du ciel le secours qu'elle n'attendait plus des hommes, et il lui sembla que quelque chose se déchirait, au-dessus d'elle, dans les profondeurs nocturnes ; des lueurs trouaient l'ombre, qui n'avait été éclairée jusqu'alors que par la réverbération de la neige. Ces lueurs devinrent peu à peu plus vives, gagnèrent toute l'étendue. Au même moment un grand vol oblique faucha l'air près de Kaethe ; une rafale de croassements l'enveloppa, disparut en tournoyant vers le marais. D'autres hordes passèrent, échelonnées de distance en distance. Et, derrière ses éclaireurs, le gros de l'armée coracienne s'avança en masses noires, compactes, qui refaisaient la nuit dans le ciel...

L'Islandaise, médusée, ne respirait plus. Le

retour des corbeaux avait balayé sa dernière espérance et déjà elle se représentait le drame qui allait se jouer et qui était en partie son œuvre : n'était-ce pas elle, en effet, qui avait déchaîné la fatalité ? Elle qui, pour éprouver la sincérité de Tual, avait appelé sur lui la colère du Hrafuaga ? La tourbière l'avait entendue et s'apprêtait à dévorer l'amant infidèle, traître à ses engagements... A moins d'un mille de Kaethe, là-bas, sur l'immense plaine blanche destinée à lui servir de suaire, le malheureux se débattait contre la même pensée atroce : son épouvante se trahissait aux efforts désespérés qu'il tentait pour dégager les jarrets à demi englués de sa monture et l'obliger à tourner bride. La bête, cabrée, se dressa presque à pic sur ses pieds de derrière, mais pour retomber presque aussitôt de tout son poids dans l'ornière qu'elle avait creusée et où elle s'enfonça jusqu'au poitrail : Tual fut projeté en avant comme un boulet. Sous la violence du choc, la glace creva. A quelques secondes d'intervalle le Hrafuaga se referma sur le cavalier et sa monture. Kaethe vit leurs deux têtes qui émergeaient un instant de la vase, un bras qui trépidait dans l'espace, un bouillonnement, — puis la tourbière reprit son horizontalité.

Aucun détail de la scène ne lui avait échappé : il faisait clair comme en plein jour ; la magique flambée d'une aurore boréale incendiait le ciel et, au-dessus de l'endroit où avaient disparu Tual et le poney, une longue colonne d'ailes noires et de becs croassants déroulait ses spirales.

L'Imagier de Kerilis

I

— Vous ne me reconnaissez donc pas, Mathurine Rannou, douce lumière, que vous passez sans dire mot ?

Mathurine leva les yeux sur celui qui parlait :

— Si, si, Jean Dagorn, je vous reconnais bien. Vous êtes l'imagier de Kerilis ; vous avez deux années de plus que moi, puisque vous faisiez votre troisième communion quand je faisais ma première. Nous sommes de vieux amis, certes. Mais ce n'est pas le moment d'entrer en conversation. J'ai le cœur tourné vers mes morts et il faut que je prie pour eux.

— J'ai mes morts aussi, Mathurine ; seulement ils sont moins exigeants que les vôtres. Voici le pardon de la Clarté. Je ne manque point d'y venir faire mes dévotions. Croyez que tout le temps que je passe à l'église, je le passe à prier pour eux ; mais, sur la route, il n'est pas défendu, dites-moi, de songer aux vivants...

— Vous êtes un païen, Jean Dagorn, un vrai païen, répondit Mathurine.

Et elle ramena sa coiffe sur ses yeux et avec un soupir elle hâta le pas.

Le père de Mathurine Rannou s'était noyé, un soir d'ouragan. On avait entendu ses cris du moulin de Becléguer ; mais les meuniers n'ont pas de barque, le village est loin, et le temps d'aller quérir du secours il n'y avait plus sur la mer que des épaves. L'aube venue, on fouilla la côte depuis Locquémo jusqu'à Trégastel, mais on ne trouva pas le corps du vieux Rannou. Le jusant avait dû l'emporter au large, et maintenant il flottait entre deux vagues, quelque part, là-bas, sous les colères du vent. Sa place l'attendrait donc toujours au cimetière ! Un nom, une date, une croix, et puis des simulacres d'enterrement, l'eau bénite jetée sur une fosse vide, hélas ! c'étaient les soins qu'on donnerait à sa mémoire ! Vainement les recherches continuaient et s'étendaient. On fouilla les derniers rochers de la côte ; on poussa jusqu'aux îles : de Rannou la côte ni les îles ne gardaient trace. Aussi Mathurine, qui avait perdu toute confiance dans les hommes, passait-elle ses journées à prier. Elle disait : « Bonne mère de Dieu, patronne des marins, Notre-Dame de la Clarté, qui avez sauvé du naufrage les caraques du seigneur de Bara, accordez-moi seulement de retrouver le corps de mon père Rannou, de le laver d'eau fraîche et de le coudre dans un drap blanc ! Ramenez-le-moi, je vous prie, avec la prochaine marée ; déposez-le doucement sur le goémon ; qu'il échappe aux embûches des crabes et des minards et que, par vos soins, les rochers aussi l'épargnent ! Si vous m'exaucez, bonne Dame, je veux assister à votre pardon. J'y veux faire trois fois de suite le tour de l'enclos sacré, pieds nus, un cierge à la main, en récitant vos litanies. » Et d'autres fois elle promettait d'être plus assidue aux offices, de ne prêter aucune attention aux paroles des galants, d'employer ses économies à faire dire des messes pour les âmes du purgatoire. Cependant, le neuvième matin qui suivit la disparition du vieux Rannou, des pêcheurs de Locquémo rencontrèrent à quelques milles de la côte un cadavre qu'ils reconnurent pour le sien. Ils le prirent à la remorque, se signèrent pieusement et, sans souci des filets vides, rallièrent le Yaudet. Mathurine était sur la cale. D'aussi loin qu'ils la reconnurent, ils lui firent signe qu'il y avait du nouveau. Alors elle fléchit les genoux et dit dans la candeur de son âme : « Louée soit Madame Marie ! Le corps de mon père Rannou est retrouvé. »

II

Or les mois d'hiver passèrent et les mois de printemps, et vint la mi-août, qui est consacrée à la Vierge, et Mathurine partit pour la Clarté en accomplissement de son vœu. Dagorn, certes, eût bien voulu faire chemin à côté d'elle ; mais elle lui avait

dit son désir de rester seule, et à distance il la suivait, le cœur gonflé, et machinalement il s'était mis à
fouiller avec son couteau la pomme d'un gros bâton
d'épine qu'il avait coupé en venant.

— Eh ! C'est Jean Dagorn, l'imagier ! dit par
derrière lui une voix de flûte.

Il se retourna et, dans le groupe de compagnons,
reconnut son interlocuteur, un petit bossu de
Trédrez, cordonnier de son état, qu'on renommait
au loin pour sa langue preste et acérée.

— Sois le bienvenu dans notre bande, Jean Dagorn,
dirent les autres compagnons. Depuis un an qu'on
ne t'a pas rencontré, quelles merveilles de pierre
as-tu accomplies avec ton ciseau ?

Il répondit :

— Ce ne sont pas des merveilles, les images que
je taille, et mon art est borné. Mais soyez satis-
faits, mes camarades, et apprenez que j'ai sculpté
une Annonciation et une Nativité pour le tympan
du grand portail de Servel. C'est encore moi qui ai
réparé la fontaine de Kernol, en faisant grimper
autour des colonnettes un léger feuillage de granit,
et, si vous connaissez le chancel de Plourivain, vous
n'ignorez pas que depuis mon passage ses pendentifs
portent autant de têtes d'anges qu'il y a de mois dans
l'année.

— Tu es un homme, dirent les compagnons.

Mais le bossu, avec une moitié de sourire :

— N'oublies-tu rien, Jean Dagorn ?

— Peut-être, car je ne compte point ce qui est du

menu travail, et çà et là j'ai encore raccommodé
bien des calvaires, ou remis un saint sur ses jambes,
ou refait le profil d'un autre. Mais c'est du travail
qui ne rapporte guère...

— Tête sans cervelle, ricana le bossu, sans cervelle et sans mémoire ! Il dresse complaisamment
son bilan de l'année et n'oublie de ses recettes que
la plus fructueuse !

Dagorn rougit et ses compagnons l'interrogèrent
pour savoir ce qu'il avait à répondre. Mais lui examina longuement le bossu, secoua la tête et dit :

— Je ne sais pas.

— Tu ne sais pas !... Regardez donc par ici, mes
camarades , regardez... Vous allez comprendre
pourquoi Jean Dagorn a si mauvaise mémoire.

Ils étaient arrivés au mitan du bourg et, sans
qu'ils eussent fait attention, le paysage avait mué,
car la grève était proche et les grands vents qui y
séjournent ne permettent pas aux avoines ni aux fro-
ments de croître dans les champs. Plus d'arbres.
Pas trace de culture. C'était, dans une mélancolie et
un abandon de toutes choses, un ciel gris et bas
tombant sur de vastes landes, et puis la mer, toute
grise aussi. Le bourg n'avait que quatre ou cinq
maisons. On le traversait d'un saut, tant elles cou-
vraient peu d'espace, et volontiers on fermait les
yeux, tant elles semblaient tristes. Mais brusquement le regard s'éclairait. Au sommet du plateau,
droite, fière et même un peu guindée dans sa belle
robe de granit rose, l'église patronale s'effilait. Joie

des hommes ! Il tombait une douceur de sa nef, et ses vitraux avaient d'artificieuses lumières où l'œil se prenait longuement. Nulle part les cloches n'étaient si bonnes musiciennes. L'encens nulle part n'était si odorant : il venait des coffins du marquis de Bara qui l'avait rapporté du pays des Sciapodes où on l'appelle oliban. Et, pour compléter toutes ces merveilles, voilà que le ciseau de Jean Dagorn avait sculpté dans la grande niche du portail une Notre-Dame comme on n'en trouve nulle part.

— Hein ! dit le bossu en la montrant à ses compagnons, est-elle assez belle, la Vierge neuve, avec sa chape frangée et ses cheveux en bandeaux et sous ses pieds les roses célestes qui naissent et ne mourront pas ? Pourquoi renies-tu ce chef-d'œuvre, Jean Dagorn, et que ne l'inscrivais-tu tout à l'heure au chapitre des recettes ? S'il t'a rapporté autant d'argent qu'il a dû te coûter de soins, tes économies de l'année auront joliment grossi. Qu'en pensez-vous, mes compères ?...

Mais ses compères ne l'écoutaient pas et, bouche bée, ils restaient sur le seuil de l'église à contempler la statue.

— Jésus Dieu ! murmurait l'un, quelle ressemblance !

— Oui, oui, reprenait un autre, c'est elle.

— Voilà bien l'arc de ses lèvres, alternait un troisième, et voici son regard, et la taille est la même.

Et tous en chœur :

— C'est Mathurine Rannou en personne.

Et le bossu répéta :

— C'est Mathurine Rannou, la bonne amie de Jean Dagorn !

Alors Jean Dagorn entra dans une grande colère.

— Maudit nabot, s'écria-t-il, quel besoin te tourmentait de faire remarquer aux gens cet ouvrage de mes mains ? Ne suis-je pas libre de reproduire les traits qui me plaisent ? Et, si je trouve parmi les femmes une femme qui soit plus belle que les autres, n'est-ce pas d'elle que mon ciseau devra se souvenir plutôt que de la mégère contrefaite et borgne qui t'a enfanté ? Mais sois sans crainte. Et, puisque tu as des yeux pour tout voir, tu pourras t'admirer à l'aise, un de ces matins, dans quelque gargouille de granit où je taillerai ton profil de bouc.

Il dit, et sa voix, pareille à un torrent, courait et grondait sous le porche, et certes il y avait un malheur dans l'air. Vous parûtes alors, et vos cheveux blancs, l'évangélique bonté de votre sourire, vos mains interposées dans la dispute, et vos yeux qui tour à tour suppliaient et commandaient, et le miel de vos paroles, ô recteur de la Clarté, serviteur de Madame Marie, il faut bien que toutes les colères tombent quand vous paraissez avec de telles armes !

— Y songez-vous, mes fils ? Profaner le saint lieu ! Mais j'ai tout entendu, et des païens n'agiraient pas autrement. Que vous importe l'imagier ? Son œuvre a été bénite, et maintenant elle doit vous être sacrée. Je ne sais pas si telle de vos sœurs ou de vos femmes ressemble à la Vierge que voici. Mais c'est la Vierge : humiliez-vous, mes fils, et priez !

Puis il se tourna vers Jean Dagorn.

— Suis-moi, lui dit-il, j'ai à te parler.

Et, le long des tombes qui bordent l'église, ils s'en allèrent ensemble.

III

Cependant Mathurine s'était déchaussée, avait allumé au candélabre de la chapelle un gros cierge de cire jaune et, sur ses genoux, elle faisait le tour du cimetière. A trois reprises elle s'arrêta près du porche ; à trois reprises elle leva les yeux sur le chef-d'œuvre de Jean Dagorn, et elle ne se reconnut pas, car c'était une âme simple et les miroirs ne lui avaient pas dit sa beauté. Elle priait. Mais, à travers sa prière, elle se revoyait sur la route, et l'imagier marchait à côté d'elle, et ils allaient, et elle songeait à son vœu et que la bouche est bien prompte à engager le cœur.

— *Ora pro nobis, sancta Dei Genitrix*, dit une dernière fois Mathurine.

A ce moment, le recteur et Jean Dagorn passaient derrière elle. Ils unirent leurs voix pour répondre :

— *Ut digni efficiamur promissionibus Christi !*

Et, comme Mathurine avait tressailli en reconnaissant la voix de Jean Dagorn, mais ne se détournait point, le recteur lui frappa doucement sur l'épaule :

— Achevez votre vœu, ma fille, et venez me prendre à la sacristie.

— Mon vœu est sur sa fin, dit-elle. Il ne me reste que l'*Oremus* à réciter.

— Je vous attendrai donc.

Alors, en un murmure plus faible :

— *Gratiam tuam, quæsumus, Domine, mentibus nostris infunde, ut qui, Angelo nuntiante, Christi filii tui incarnationem cognovimus, per passionem ejus et crucem ad resurrectionis gloriam perducamur. Per eumdem Christum Dominum Nostrum.*

— *Amen !* répondirent le recteur et Jean Dagorn.

Et, Mathurine s'étant jointe à eux, ils entrèrent dans la sacristie. Le recteur poussa le verrou, afin qu'on ne les dérangeât point, puis il fit asseoir Mathurine et, tandis que Jean Dagorn, avec les airs honteux d'un petit garçon pris en faute, se cachait dans l'embrasure de la croisée, il commença en ces termes :

— Ma fille, c'est pour un adieu que je vous ai mandée. Jean Dagorn doit partir demain. Un long et grand voyage d'où il ne reviendra peut-être plus. J'ai tout tenté pour qu'il restât parmi nous, car c'est un ouvrier sans pareil, oui, sans pareil, quoique certaines de ses statues aient un air bien profane pour être placées dans les églises. Il ne veut pas m'écouter. Son cœur est malade, et il prétend que l'air d'ici n'est pas propre à le guérir. Mais, avant qu'il s'en aille, il m'a demandé comme une grâce, puisqu'il n'avait plus ni son père ni sa mère, de vous

faire venir pour qu'il vous dise adieu, à vous qui
êtes née dans la même paroisse que lui et qu'il a
connue tout enfant. Car il a essayé de vous entre-
tenir ce matin encore, mais vous l'avez repoussé
de devant vous. Et certes il croit que vous avez fait
vœu de ne plus lui adresser la parole, et c'est dans
cette idée qu'il s'en va, ma fille.

Mathurine répondit lentement :

— Le vœu que j'ai fait, comment regretterais-je
de l'avoir tenu ? Mais Jean Dagorn prend pour lui
seul ce qui était pour tous. Car ma coquetterie passée
est peut-être cause que mon père a péri, et c'est
pourquoi j'avais fait vœu, si je retrouvais son corps,
d'être plus réservée avec les jeunes gens.

— Soit, ma fille, dit le recteur.

Puis il alla vers Jean Dagorn et, l'emmenant
vers Mathurine, qui tenait les yeux baissés :

— C'est une chose convenue. Dites-vous adieu.

Mathurine se leva pour obéir ; mais, comme elle
mettait sa main dans celle de l'imagier, voilà qu'une
grande faiblesse la prit et qu'elle éclata en sanglots.
Et Jean Dagorn aussi sanglota. Ils tombèrent dans
les bras l'un de l'autre, et longtemps ils demeurè-
rent ainsi, elle appuyée sur l'épaule de l'imagier
et pleurant toutes les larmes de son corps, lui collant sa bouche amère sur les beaux cheveux de son
amie.

— Allons ! dit le recteur, je le pensais bien : Jean
Dagorn ne partira pas de sitôt.

Les cloches de l'église sonnaient à toute volée. Il

sépara doucement les amoureux, ouvrit la porte et, leur montrant, par delà le bourg, la grande route sablonneuse, bordée d'ajoncs et de genêts, où se balançaient des milliers de gousses jaunes pareilles à de minuscules lanternes de couleur :

— Reconduis Mathurine chez elle, Jean Dagorn, car elle est trop faible pour s'en aller seule jusqu'au Yaudet. Et toi, Mathurine, avertis ta tante que j'irai la trouver cette semaine pour lui demander si Jean Dagorn est le mari qui te convient...

Rozmor

A mon cousin le colonel Victor Le Tulle.

Chaque été, quand je revenais à Trestraou, je retrouvais dans le même état une grande construction massive plantée de l'autre côté de la plage, sur la hauteur de Rozmor. Il y avait au moins douze ans que le gros œuvre en était terminé ; la toiture était en place, les chéneaux posés, mais les portes attendaient toujours leurs chambranles, les fenêtres leurs chassis. Toutes les ouvertures bâillaient au vent et à la pluie qui s'y engouffraient rageusement. Les pierres se délitaient, les solives pourrissaient, le toit s'effondrait... Cinquante ou soixante mille francs de maçonnerie qu'on eût pu sauver avec quelques billets de banque se perdaient là par la volonté formelle de leur propriétaire.

Le plus extraordinaire est que Trestraou, en ces douze ans, de « petit trou pas cher » s'était insensiblement transformé en plage aristocratique, que les terrains y avaient atteint des prix « fous », que la valeur des immeubles avait obéi au même mouvement d'ascension. Et ce vaste édifice de Rozmor, si admirablement campé sur la falaise, restait toujours inachevé au mitan de son steppe d'ajoncs, alors qu'autour de lui presque toutes les autres landes avaient fait place depuis longtemps à des parcs princiers ou à de délicieux jardins en terrasses...

— Quelle situation magnifique pour un hôtel ou un casino ! disais-je à Me X..., un avocat de Lannion avec qui le hasard d'une promenade m'avait dernièrement mené devant Rozmor.

— Vous ne croyez pas si bien dire, répliqua mon interlocuteur. Rozmor fut bâti à usage d'hôtel, et ce n'est pas la faute de son propriétaire s'il n'a pas rempli sa destination. Je puis d'autant mieux vous en parler que j'ai été mêlé indirectement à cette affaire qui, par parenthèses, éclaire d'un jour singulier la mentalité du paysan breton. Tout le monde, à Trestraou, connaît l'histoire de la « maison vouée » — *an ty gwested*. Je ne commets donc aucune indiscrétion en vous la racontant. Faites-moi seulement l'amitié, si vous la racontez à votre tour, de ne pas dire de qui vous la tenez.

Je promis tout ce que voulait Me X..., et celui-ci commença.

*
* *

Il y a quinze ans, Rozmor — qui n'était à cette époque qu'une misérable chaumière — appartenait à une famille de petits cultivateurs, les Derriénic, composée du père resté veuf, de quatre enfants, dont trois en bas âge et l'aîné au service, d'une nièce et de la mère de Derriénic, cette dernière à demi tombée en enfance et n'interrompant sa vague songerie au coin de l'âtre que pour éructer, d'un ton de fatuaire, des lambeaux de complaintes désuètes auxquelles personne ne comprenait plus rien.

Peu exigeants sur le chapitre du bien-être, les Derriénic vivaient tant bien que mal du produit de leurs champs, une lande et trois ou quatre arpents de sol cultivable enclavés dans les terres d'un riche avoué honoraire du nom de Leborgne, qui n'était pas autrement satisfait de ce voisinage. On prétendait même que, poussé par sa servante, Leborgne avait essayé à plusieurs reprises d'acquérir Rozmor et qu'il en avait offert aux Derriénic le double de ce que valait la propriété. L'ancien avoué n'était pourtant pas homme à donner le pas en affaires au sentiment sur l'intérêt : sa rapacité, servie par l'esprit le plus retors et le moins vergogneux qui fût, avait force de proverbe dans tout l'arrondissement de Lannion. Mais tel était l'ascendant qu'avait pris sur lui sa servante, Émérantienne Mangard, belle et robuste campagnarde aux dents saines, à la peau fraîche et aux yeux prometteurs, dont les vingt-deux printemps égayaient, depuis la mort de Mme Leborgne, sa solitude de septuagénaire, que, pour une fois, le vieux coquin avait bien pu se départir de ses principes.

La résistance des Derriénic n'en paraissait à tous que plus énigmatique. Comment concevoir qu'ils n'eussent voulu rien entendre aux alléchantes propositions de Leborgne ? Un moment, Jean Derriénic — le chef de famille — avait bien semblé près de se rendre ; mais Jean n'était pas seul : derrière lui il y avait sa mère Géno qui demeurait intraitable et qui, accroupie comme une vieille louve sur la dalle du foyer, poussait de rauques hurlements chaque fois qu'on parlait d'aliéner Rozmor. Elle était née céans ; elle y mourrait, ou gare ! L'aïeule avait des secrets pour faire sécher les moissons et les gens. Dans son apparente imbécillité, on la sentait encore redoutable. Et Jean Derriénic, terrorisé, n'avait pas osé passer outre aux volontés maternelles.

Gros mécompte pour Leborgne ! Mais le dépit qu'il en avait conçu n'était rien près de celui d'Emérantienne.

C'est que la résistance incompréhensible des Derriénic risquait de faire échouer un projet longuement caressé par la servante-maîtresse et auquel Leborgne avait fini par donner les mains : tant pour assurer l'avenir que pour couper court à l'équivoque de sa situation, l'astucieuse fille, qui avait flairé, semble-t-il, le prodigieux développement que Trestraou devait prendre quelques années plus tard, s'était mis en tête de s'établir à son compte et d'ouvrir un hôtel sur les hauteurs qui couronnent la plage. Or Rozmor et sa lande, qui descend en pente douce vers la mer, étaient l'emplacement idéal pour un établissement de cette sorte. Et, comme la chaumine était enclavée dans les terres de Croaz-ar-Skine, seize bons hectares d'emblavures et de prairies appartenant à l'ancien avoué, Emérantienne, qui connaissait la valeur de ces terres, voyait déjà l'excellent parti qu'elle pourrait tirer des lots les plus proches, convertis en annexe potagère de son futur hôtel.

A la vérité, les terres de Croaz-ar-Skine étaient affermées à un cultivateur du nom de Lelchat ; mais justement le bail de Lelchat venait prochainement à expiration et, devant qu'on le renouvelât, il était aisé d'opérer le scindement.

Tout semblait donc conspirer au succès des calculs d'Emérantienne, quand elle s'était heurtée à la mauvaise volonté des Derriénic. Le coup était aussi rude qu'inattendu, et ce fut l'innocent, je veux dire Leborgne, qui, comme il arrive presque toujours en pareil cas, paya pour les coupables : grises mines, bouderies, vapeurs et migraines s'installèrent à son foyer. Fini des douceurs et des chatteries d'antan ! Emérantienne parlait d'entrer en condition chez des bourgeois de la ville voisine qui sauraient mieux apprécier ses services. Et, chaque soir, la porte de sa chambre restait impitoyablement consignée au galant septuagénaire. Le pauvre homme maigrissait, jaunissait... Vainement il alléguait que ce n'était pas de sa faute si les Derriénic refusaient d'aliéner Rozmor : tantôt on ne lui opposait qu'un dédaigneux silence et tantôt on lui répondait qu'il n'est rien d'impossible à qui veut ; qu'aussi bien ce n'était pas la peine d'avoir trente mille livres de revenu, si des

gueux comme les Derriénic vous forçaient à baisser
pavillon ; enfin qu'il fallait que la pratique de la
procédure lui eût singulièrement anémié le cerveau,
puisqu'il n'arrivait point à y découvrir un seul petit
subterfuge, bien honnête et bien légal, pour débarrasser le pays d'une engeance pareille...

Ce dernier reproche n'était pas le moins sensible
de tous à l'amour-propre de l'ancien avoué, qui le
prisait sans doute plus justifié que les autres. De fait,
et à force d'y réfléchir, Leborgne découvrit un soir
ce qu'il cherchait. Emérantienne le vit revenir à la
maison tout guilleret, la figure épanouie.

— Je les tiens ! dit-il à sa servante.

Et ce soir-là, pour la première fois depuis cinq
longues semaines, Emérantienne, en se mettant au
lit, ne tira point les verrous derrière elle.

*
* *

Rozmor, pourtant, n'appartenait pas encore à
Leborgne, et il semblait même que l'ancien avoué
eût renoncé tout de bon à s'en rendre acquéreur.

— Après tout, avait-il dit à Jean Derriénic, je
comprends que tu ne veuilles pas te défaire de l'héritage de tes parents. Tu es un homme de cœur,
Derriénic... Seulement, mets-toi à ma place : tes
biens forment une enclave au milieu des miens, ce
qui est un gros obstacle pour la culture ; il faut faire
un détour de tous les diables pour passer d'un de
mes champs dans l'autre ; on y mange du temps et

de l'argent... Ah ! si l'on pouvait joindre d'un seul tenant Rozmor et Croaz-ar-Skine !...

— Puisque c'est impossible, Monsieur Leborgne ! avait répondu Derriénic avec une nuance d'humeur.

— Savoir ! prononça l'ancien avoué, qui parut tout occupé à bâtir dans l'entre-deux de son index et de son pouce une petite pyramide de tabac frais dont il mit cinq bonnes minutes à faire disparaître la pointe et les assises dans les fosses de son nez crochu. Il y a peut-être moyen de s'arranger, Derriénic... Tu ne veux pas céder Rozmor ? Bien ! C'est entendu. Et qu'est-ce que tu dirais si je te donnais à bail Croaz-ar-Skine ?

— Je dirais... je dirais... murmura Jean Derriénic troublé. Allons ! vous voulez rire, Monsieur Leborgne. Je n'ai ni l'argent ni le crédit nécessaires pour me mettre à la tête d'une exploitation agricole de cette importance, et vous le savez aussi bien que moi... C'est bon pour des Lelchat, une ferme comme Croaz-ar-Skine...

— Lelchat s'en va, dit simplement Leborgne. Il laissait dépérir la terre : je lui ai donné congé.

— Et vous me prendriez à sa place pour fermier ?

— Oui... j'ai confiance en toi, Derriénic... Je t'avancerai ce qu'il faut pour acheter les semences, les animaux et les instruments aratoires... Tu es solide encore, travailleur, économe... Ton fils Pierre-Marie va revenir cette année du service... Un rude gaillard, ce Pierre-Marie, me dit-on, et qui ne boude pas à la besogne... La terre aime les bras jeunes et vigoureux... Ça la changera de Lelchat : elle y gagnera, et moi aussi... Par ailleurs, plus d'enclave, plus de crochet ! La charrue mordra en droite ligne dans la glèbe... Tout profit pour toi comme pour moi !... Ta nièce est assez entendue déjà pour tenir un ménage... Et, ma foi, si après cela les choses ne marchent pas à ton gré et au mien la première année, je suis homme à ne pas trop te serrer la vis et à te laisser souffler jusqu'à l'année suivante... Est-ce dit ?

— Dame... attendez un peu... C'est bien tentant... Ah ! pour sûr oui que c'est tentant ! répéta Jean Derriénic en soulevant son bonnet pour se gratter la nuque. Une ferme de seize hectares qui en ferait dix-sept tout proche avec Rozmor... Et vous en demandez combien à l'année ?...

— Lelchat m'en donnait quatorze cents francs. Mais je veux t'obliger : nous passerons marché à treize. Tu ne trouveras jamais une occasion pareille... Seulement il me faut la réponse dans les vingt-quatre heures : je n'aime pas être lanterné...

Vingt-quatre heures après, en dépit des sinistres avertissements de la vieille Géno, impuissants à prévaloir contre l'amour du paysan pour la terre, le bail était signé...

Jean Derriénic, la Saint-Michel venue, s'installa avec les siens à Croaz-ar-Skine ; mais toutes ses supplications pour décider sa mère à le suivre échouèrent contre la volonté de l'aïeule, bien décidée à ne jamais quitter Rozmor. On lui laissa par déférence une paillasse et quelques ustensiles ; le reste du ménage fut empilé dans une charrette et prit la direction de Croaz-ar-Skine : les deux vaches, la truie et le porcelet, qui faisaient tout le bétail de Rozmor, échangèrent leurs loges sombres contre les vastes étables de la ferme.

Vastes, en effet, trop vastes même. Faute de mobilier et d'animaux, la moitié des bâtiments restaient vides ; sous le chartil, encombré jadis d'instruments agricoles et de harnais, un vieil araire au soc ébréché tenait compagnie à un ventilateur hors d'usage. Leborgne avait bien promis de faire aux Derriénic les avances nécessaires à l'acquisition d'un nouveau matériel et aussi du bétail, des semences, etc., dont ils pourraient avoir besoin. Mais, quand le pauvre Jean lui rappela sa promesse, il prit un air étonné, déclara qu'il n'avait mémoire de rien de pareil et qu'au surplus le bail était muet sur une clause de cette nature : Derriénic n'avait qu'à s'y reporter pour vérifier...

Un si brusque changement d'attitude ne laissa pas de donner à réfléchir au naïf cultivateur. Ce fut à grand'peine qu'il put se procurer un vieux cheval et une charrue moins sommaire que celle qui lui servait à Rozmor ; encore dut-il hypothéquer son patrimoine pour solder cette double acquisition. Mais Pierre-Marie, retour du régiment, vrai bœuf de travail, suppléait à tout, faisait à lui seul la

besogne de trois domestiques... Ingénieux de surcroît, s'entendant comme pas un à tirer partie des
instruments les plus médiocres, variant les assole-
ments et ne laissant pas à la terre le temps de
reposer une minute.

On était à la fin de juillet : la récolte, encore sur
pied, s'annonçait assez belle et, si le blé se vendait
convenablement, si la maladie épargnait les pommes
de terre, Jean Derriénic, malgré tout, ne désespé-
rait pas d'arriver à parfaire les treize cents francs
de son fermage. Leborgne, d'ailleurs, avait promis
de ne pas se montrer trop exigeant la première
année... Restait à savoir s'il se souviendrait de cette
promesse mieux que de la précédente.

Les Derriénic ne l'avaient pas vu une seule fois à
Croaz-ar-Skine. Il habitait tout près de là pourtant,
sur la route de Perros... Cette abstention singulière
prit fin un beau jour : sous couleur de venir demander des nouvelles de Pierre-Marie, qui s'était blessé
la veille en chargeant une meule de foin et que la
fièvre retenait au lit, Leborgne, sa redingote élimée
et son perpétuel haut de forme roussi par l'usage,
débarqua à l'improviste chez les Derriénic. Et,
tout de suite, la figure de l'ancien avoué se rembru-
nit : il portait les yeux autour de lui, examinait,
tâtait, soupesait du regard le pauvre mobilier de ses
locataires. Il pénétra dans une pièce voisine complètement vide. Derriénic, saisi d'une mystérieuse
appréhension, le suivait tout pantois. Des bâtiments
d'habitation, Leborgne passa aux écuries, aux éta-

bles, à la grange, au chartil et, à mesure que la visite se poursuivait, ses sourcils se fronçaient de plus en plus.

— Ah çà ! dit-il tout à coup à Derriénic, tu m'as trompé ou j'ai la berlue, mon garçon ! Qu'est-ce que ça veut dire ? Pas de mobilier dans la moitié des pièces ! Deux vaches efflanquées et un cheval dont ne voudrait pas l'équarrisseur pour garnir mes écuries et mes étables ! Rien dans la grange et à peu près autant sous le chartil ! C'est là toute ma garantie vis-à-vis de toi ?

— Mais, Monsieur Leborgne... voulut expliquer Derriénic.

— Il n'y a plus ici de M. Leborgne, interrompit sèchement l'ancien avoué. Il y a un bailleur et un preneur dont les rapports sont soigneusement déterminés par la loi... Eh ! eh ! tu ne vas pas m'apprendre la loi, je suppose ?... D'ailleurs, si tu ne me crois pas, ajouta-t-il en exhumant des profondeurs de sa redingote crasseuse un exemplaire du code qu'il portait toujours sur lui, connaissant la crainte révérentielle des paysans pour la lettre « moulée », lis toi-même, Derriénic : article 1766, livre III, tome VIII. « Si le preneur d'un héritage rural ne le garnit pas des bestiaux et des ustensiles nécessaires à son exploitation, le bailleur peut, suivant les circonstances, faire résilier le bail... » Et, bien entendu, les frais de résiliation du bail, sans préjudice des dommages et intérêts résultant de son inexécution, restent à la charge du preneur...

En vérité, tu t'es mis dans un mauvais cas, Derriénic. Un patrimoine hypothéqué, des dettes, aucun
gage sérieux : c'est la saisie à bref délai, mon
ami !...

Derriénic était atterré : il apercevait enfin dans
quel piège il était tombé et il comprenait que tous
ses efforts pour s'en tirer échoueraient contre l'in-
flexible volonté de Leborgne. Solliciter un délai
jusqu'à la fin de la moisson était aussi vain que de
rappeler à l'ancien avoué ses promesses d'antan.
Vendus sur pied, les blés de Croaz-ar-Skine ne
rapporteraient pas la moitié de ce qu'ils eussent
rapporté après la récolte... Derriénic voyait déjà
l'huissier en train de coller sur les murs de Rozmor
ses sinistres placards... Et, pour comble d'infor-
tune, Pierre-Marie, terrassé par une fièvre mali-
gne, ne pouvait lui apporter aucune assistance...

Son petit œil aigu dardé sur le malheureux, Leborgne semblait suivre avidement le travail de
décomposition qui se faisait dans le cerveau de
Derriénic. L'ancien avoué sentit que le moment était
venu de jouer sa dernière carte ; une fausse pitié
détendit les plis sévères de sa figure :

— Oui, Derriénic, tu t'es mis dans un mauvais
cas... Ah! c'est bien dommage, car tu es un travailleur et je ne demanderais pas mieux que de te garder
à Croaz-ar-Skine jusqu'à la fin de la moisson... Mais
tu comprends qu'il me faudrait une garantie en vue
d'assurer mon privilège... Voyons ! Voyons ! On
peut encore s'entendre... Rozmor ne donnera pas,

en vente publique, plus de 5 ou 600 francs, juste de quoi couvrir l'hypothèque... Les bâtiments sont pourris ; la lande a été coupée en mars dernier... Eh bien, je veux être bon prince : je t'en offre 800 francs comptant.

— Mais vous m'en avez offert plus du triple l'an passé, Monsieur Leborgne !

— Tu dois te tromper, Derriénic... Oui, certainement tu te trompes... Enfin je t'ai dit mon dernier mot, et c'est à prendre ou à laisser... 800 francs pour Rozmor et la continuation de ton bail jusqu'après la moisson... Ou bien la résiliation immédiate, l'huissier, la saisie... Ah ! si je ne te portais pas tant d'intérêt !...

*\
* *

Me X... s'arrêta.

Je vous ai dit, continua-t-il après un moment, que j'avais été mêlé à cette affaire ; c'est en effet dans mon cabinet que Derriénic aux abois vint chercher un conseil, que je fus impuissant à lui donner.

Aubry et Rau estiment bien que l'obligation de garnir des bestiaux et des ustensiles nécessaires à son exploitation l'héritage rural qu'il prend à bail est imposée au fermier plutôt comme garantie d'une bonne culture que dans la vue d'assurer le privilège du bailleur, d'où il résulterait que, pour savoir si le fermier est en règle avec son propriétaire, il faudrait examiner, non point si les bestiaux et les ustensiles qu'il possède offrent un gage suffisant, mais uniquement s'ils suffisent aux besoins de l'exploitation. Cette libérale interprétation de l'article 1766 n'est admise ni par Guillouard, ni par Baudry-Lacantinerie. Et, quand on l'eût fait admettre par les juges, Leborgne avait si bien disposé ses batteries que Derriénic, de toute façon, n'aurait pu lui échapper. L'hypothèque prise sur Rozmor avait été rachetée sous main par l'ancien avoué : celui-ci tenait donc doublement Derriénic. D'autre part, la spéculation ne s'était pas encore portée sur les terrains de Trestraou ; Rozmor, en vente publique, pouvait atteindre 1.000 francs, 1.200 francs peut-être, mais les frais de justice mangeraient les trois quarts du gâteau. Et il y avait encore l'hypothèque ! Dans ces conditions, le plus sage pour Derriénic était d'accepter la transaction proposée par Leborgne.

Derriénic comprit sans doute mes scrupules et que j'hésitais à l'engager dans un procès dont je n'osais prévoir l'issue, car Rozmor fut acquis quelques jours plus tard par Leborgne pour le compte d'Emérantienne Mangard. La baraque fut rasée incontinent, après qu'on en eût délogé par force la vieille Géno, qui se cramponnait aux portes en hurlant, et presque aussitôt, à la place de l'ancien Rozmor, commença de s'élever le Rozmor que vous voyez céans...

Emérantienne triomphait. Son rêve enfin prenait forme... Il y avait bien la vieille Géno qui gâtait un peu son bonheur. Rôdant autour du chantier avec

des gestes d'exorciste, la bave aux dents, la coiffe de
travers, il ne lui manquait qu'un chaudron et un
balai pour ressembler complètement à une sorcière.
Et toujours la même formule rimée, le même *diskan*
de malédiction revenait sur ses lèvres, si monoto-
nement lugubre que, par dérision, les ouvriers qui
travaillaient à la construction de l'hôtel avaient fini
par le reprendre en chœur, dès qu'apparaissait la
vieille :

An hini 'lak sevel an ti
A varvo rog 'vo achuet ;
An hini vo gret evit hi
A varvo an de vo peurc'hret.

« Celui qui fait bâtir la maison — mourra devant
qu'elle soit achevée ; — celle pour qui elle est bâtie
— mourra le jour qu'on l'achèvera. »
Le refrain, évidemment, n'avait rien de folâtre.
Mais Leborgne en avait entendu bien d'autres dans
sa carrière d'avoué. Émerantienne, plus près du
peuple par son origine, ne se gardait pas aussi bien
d'une secrète terreur ; sur ses instances, Leborgne
adressa une plainte en règle au procureur de la
République : appréhendée au collet, la vieille Géno
fut conduite devant le magistrat, à qui son cas
parut relever de la douche plus que de la correctionnelle... L'asile de Bégard se referma sur l'aïeule
et, cette fois, Émérantienne put dormir tranquille.
Les autres Derriénic avaient quitté le pays. L'hôtel
s'élevait rapidement ; la maçonnerie était à peu près

terminée au bout de deux mois, et il ne restait plus qu'à poser le couronnement de la dernière cheminée. Leborgne s'était rendu sur les lieux avec son architecte pour examiner les travaux. Emerantienne l'accompagnait. Tout à coup une ombre haillonneuse surgit à la crête d'un talus voisin. Agitant ses bras maigres au-dessus des ajoncs, la vieille Géno, évadée de Bégard on ne sait comment, et plus implacable, plus frénétique que jamais, venait de reprendre sa sinistre incantation :

> *An hini 'lak sevel an ti*
> *A varvo rog 'vo achuet...*

Fût-ce l'effet de cette incantation ? Fût-ce une simple coïncidence ? Leborgne était à pied-d'œuvre, juste au-dessous des maçons qui travaillaient au couronnement de la cheminée, quand, par suite d'un faux mouvement de l'un d'eux, distrait peut-être par l'arrivée de la vieille, le parpaing qu'il balançait vacilla entre ses mains et tomba si malheureusement qu'il tua net l'ancien avoué et blessa légèrement l'architecte qui se trouvait à ses côtés. Un éclat de rire sardonique de Géno, dominant la clameur d'épouvante des autres spectateurs, accueillit cette tragique exécution. Féroce, la vieille s'était dressée sur le talus et y battait un entrechat de sa façon :

> *An hini'lak sevel an ti*
> *A varvo rog'vo achuet.*
> *An hini vo...*

— Assez ! Assez ! supplia Emérantienne, folle de terreur, en courant vers l'aïeule et en tordant ses bras. Par grâce, Geneviève Derriénic. tais-toi !...

— Et pourquoi donc me tairais-je, princesse de la Bouche-en-Cœur ? dit ironiquement Géno. Je ne suis pas un homme, moi, et l'on ne fait pas ma conquête avec des clins d'yeux et des minauderies.

— Ah ! continue si tu veux ! dit Emérantienne, prenant brusquement son parti... Ta prédiction ne se réalisera pas en ce qui me concerne du moins, sorcière, car, s'il est vrai que je doive mourir le jour où la maison sera terminée, c'est bien simple : on ne l'achèvera pas de mon vivant...

Et voilà l'explication du mystère qui vous intriguait, me dit en manière de péroraison Mᵉ X... ; voilà ce qui fait qu'Emérantienne Mangard étant toujours de ce monde, Rozmor, par la volonté formelle de son propriétaire, demeure dans le même état depuis douze ans. La « maison vouée » est une ruine avant d'avoir été habitée et, pour peu que l'existence de l'ancienne servante se prolonge encore quelques lustres, elle ne sera tantôt plus qu'un souvenir...

Le Drap Noir

A Paul Mangin.

François Labat était à ce moment-là sur la terrasse du phare de Men-Rû, robuste chandelier de granit planté à quatre milles de la côte bretonne, sur un « isolé » de grand atterrage.

La mer descendait, découvrant peu à peu le sinistre platier de porphyre rouge, moucheté de lépas, de bernicles et de moules, qui a donné son nom au phare. Labat scrutait l'horizon à l'aide de sa lunette marine ; mais la brume était encore trop épaisse pour qu'il pût discerner nettement les objets autour de lui.

La veille au soir, vers dix heures, au plus fort d'une tourmente de vent d'Est et de neige, étant de faction dans la cage de la lanterne, il avait aperçu deux navires : un dundée, dans le Sud, qu'à cause de l'éloignement il n'avait pu identifier, et un trois-mâts de 250 à 300 tonneaux qui n'était qu'à quelques encâblures du phare et sur qui se concentra bientôt toute son attention.

2***

Le trois-mâts naviguait péniblement sous ses bas
ris ; le beaupré pendait ; le navire donnait de la
bande à chaque lame. Peu après, un paquet de mer
formidable embarqua par l'arrière, démolit la roue
du gouvernail et cassa les saisines de la drôme de
bâbord qui se mit à rouler dans tous les sens sur le
pont. Le navire tomba en travers et, comme il s'était
encore rapproché du phare, Labat put aisément
déchiffrer son nom : c'était le *Grimalkin*, du port de
Whitby (Angleterre).

Il n'y avait guère de chance pour que le navire,
en cet état, pût gagner la côte. Labat, d'ailleurs,
l'avait presque aussitôt perdu de vue ; il s'était
borné à consigner l'événement sur le registre du
phare et, à minuit, était descendu dans sa chambre.

Yves-Marie Kerguénou, le second gardien, qui
prit le quart à sa place, ne remarqua rien de parti-
culier pendant le reste de la nuit. Au matin seulement, tandis que son collègue — qui était aussi son
beau-frère — mettait un peu d'ordre dans la cambuse, il descendit sur le platier pour visiter des
palangres qu'il avait mouillées la veille. Les
palangres avaient été enlevées par la tempête ; mais,
dans une crique voisine, avec une vergue, une
bitte et diverses autres épaves, il trouva un bout
de planche où étaient encore visibles les quatre
lettres R I M A.

C'était plus qu'il n'en fallait pour reconstituer le
reste de l'inscription. De fait aucun des deux gardiens ne conçut le moindre doute sur l'identité du

fragment de tableau trouvé par Kerguénou : tous deux l'attribuèrent au *Grimalkin*, signalé la veille en perdition près de Men-Rû, et conclurent à la submersion totale de ce navire.

Kerguénou remonta chercher le registre du phare et, dans la colonne des « Observations », à la suite du rapport de Labat, coucha soigneusement, en belle écriture bâtarde, son propre rapport. Puis il redescendit vers son collègue qui, accoudé sur le parapet de la terrasse, continuait à inspecter la mer dans le vague espoir d'y découvrir quelque être humain échappé au naufrage. Le vent était tombé ; mais la mer, couleur de bile, restait lourde et baveuse ; de grands radeaux de fucus, que la tempête avait détachés des profondeurs, s'y balançaient pesamment à la lame et, dans la brume. ramassés, coniques, pareils à de minuscules torpilles aériennes, des macareux filaient d'un vol rigide...

— C'est drôle, dit enfin Labat. Après un coup de temps comme celui-là, je m'attendais à voir la mer jonchée d'épaves... Le vent a certainement changé dans la nuit...

— Oui, dit Kerguénou... Vers deux heures il a sauté dans l'Ouest... Et, avec le flot, les épaves ont dû « porter » presque toutes vers le Cozstank.

Ce nom de Cozstank, jeté dans la conversation, détourna un moment l'attention des deux hommes : ils évoquèrent en pensée, l'un et l'autre, la petite maison blanche, d'un étage sur rez-de-chaussée, qui, dans une anfractuosité de la côte d'en face, abritait leur commun bonheur.

Là vivaient leurs deux femmes, Jeanne-Yvonne et Perrine, les filles du capitaine Jametel, qu'ils avaient épousées le même jour et qui n'avaient pas voulu se quitter après leur mariage.

Suivant la judicieuse observation de Perrine, puisque Kernégou et Labat étaient attachés au service du même isolé, il n'y avait pas de raisons pour que leurs « légitimes » fissent ménage à part... Les deux hommes n'avaient pas demandé mieux que de souscrire à ce naïf arrangement. Ils étaient de la même paroisse; ils avaient navigué ensemble dans la flotte; ils s'estimaient et s'aimaient profondément. Et ils aimaient encore mieux leurs femmes, cette Jeanne-Yvonne et cette Perrine Jametel dont ils n'auraient jamais osé, dans leurs plus beaux rêves de gabiers sentimentaux, espérer devenir un jour les maris.

Des orphelines sans doute, et guère riches, affligées, par surcroît, d'un chenapan de frère dont il valait mieux ne pas parler, mais si jolies, si avenantes, « éduquées » comme des filles de bourgeois. Elles se ressemblaient parfaitement : même taille, même visage, mêmes yeux couleur de mer, même grâce fluette et délicate. Perrine avait seulement quelques mois de plus que Jeanne-Yvonne...

Le double mariage de Kerguénou et de Labat avec les « demoiselles » Jametel remontait à la Pentecôte précédente, et les deux ménages n'avaient pas encore

eu le temps d'écorner leur lune de miel. C'était toujours une surprise nouvelle pour les deux beaux-
frères, quand ils descendaient à terre, de se retrouver au Cozstank près de leurs femmes, d'oublier là,
dans un farniente amoureux, les tristesses de Men-
Rû, leurs mornes factions nocturnes dans la tour du
phare et ce perpétuel et formidable ronflement
d'orgue de la longue colonne de granit qui, dans les
premières semaines de leur noviciat, avait failli les
rendre fous tous deux...

* *
*

Labat avait repris sa lunette et, machinalement,
l'avait inclinée vers la côte dont le liséré grisâtre
commençait à percer le brouillard.

Pour longtemps ? Le soleil, déjà haut sur l'horizon, n'était guère plus large ni plus reluisant qu'une
lentille de hublot : sûrement le brouillard, après
cette brève défaillance, reprendrait le dessus, noie-
rait dans ses ondes cotonneuses le continent et les
îles.

Mais Labat n'était pas exigeant ; comme c'était
bientôt son tour de descendre à terre — on attendait le baliseur pour le lendemain, — il lui suffisait
d'avoir pu rafraîchir ses yeux et son cœur, ne fût-ce
qu'une minute ou deux, avec la blanche vision de
cette maisonnette du Cozstank qui tournait bravement
sa gentille figure amie vers Men-Rû, alors que la plupart des autres chaumes de pêcheurs, rasés derrière
la dune, évitaient peureusement la vue du large.

Labat la tenait au bout de sa lunette, cette vaillante et chère petite maison, et, d'habitude, quand il la regardait ainsi de la terrasse du phare, un large sourire détendait sa physionomie un peu rude, boucanée par l'embrun et les vents d'hiver.

Or, cette fois, Labat ne riait pas, et Kerguénou, qui observait depuis quelque temps son beau-frère, fut frappé par la décomposition de ses traits.

— Qu'est-ce qui arrive ? Est-ce que tu te trouves mal ? demanda-t-il avec inquiétude.

— Je ne sais pas, murmura Labat qui se sentait près de défaillir. Regarde toi-même, Yves-Marie... Moi, peut-être que j'ai mal vu...

Et il tendit la lunette à son beau-frère qui la prit sans dire mot, la mit au point et la braqua à son tour dans la direction du Cozstank.

Tout de suite aussi, la figure de Kerguénou se décomposa.

Il lâcha la lunette.

— Oh ! François ! François !

— Tu as vu ?

— Oui.

— Il n'y a qu'elles qui habitent là... C'est donc Jeanne-Yvonne ou Perrine.

— Ta femme ou la mienne.

— L'une des deux, certainement... Mais laquelle ?

— Laquelle ? répéta Kerguénou.

— Repasse-moi la lunette, dit brusquement Labat. Il faut savoir... Nous ne pouvons pas rester dans une incertitude pareille.

Il braqua de nouveau l'instrument vers la côte.

Mais les flottantes mousselines de la brume s'étaient renouées dans l'intervalle, et l'horizon ne lâcha pas son secret...

Vainement les deux gardiens restèrent là toute la journée, se relayant à la lunette et guettant une éclaircie que le ciel leur refusa jusqu'au bout.

Autour d'eux, la mer se hachait ; à la grande houle franche de la veille succédait une autre houle plus courte et plus aiguë, cette houle sournoise des temps de brume qui ressemble à un bouillonnement et n'obéit à aucune direction. Et le soir tomba, puis la nuit. Une cloche d'ombre s'abattit sur le phare, qui démasqua inutilement ses huit secteurs : les premières couches de vapeur se teintaient de pourpre et d'orange ; mais, arrêté par les couches suivantes, le jet lumineux se noyait, se diluait, perdait à trente pas toute sa puissance de pénétration.

— Il faut faire marcher la trompe, dit Kerguénou.

Les deux gardiens veillaient ensemble dans la cage de la lanterne, Labat roulé dans une peau de mouton, tandis que Kerguénou tenait le quart. Quelque chose de plus fort qu'eux les empêchait de se séparer. Ils n'osaient pas se communiquer leurs impressions ; ils ne se parlaient que pour les besoins du service.

A cause de l'absolu calme nocturne, le phare, ce soir-là, ne rendait qu'un bourdonnement doux, presque imperceptible, qui se confondait avec la légère crépitation de l'appareil optique circulaire. Et soudain les bidons, les verres, les cornets, tout se mit à trembler autour d'eux : c'était la sirène de brume qui commençait sa musique sauvage. Toute la nuit, avec de brefs intervalles de répit, elle hurla tragiquement. Et, dans le silence obstiné que gardaient les deux hommes, cette musique rauque, déchirante, inlassable, signal d'avertissement pour les navigateurs que ne renseignait plus la lumière du phare, était comme la voix de leur commune angoisse, le râle d'agonie de leurs deux âmes fraternelles, murées dans la brume et le mystère...

Vers sept heures, à l'Orient, des blancheurs apparurent et peu à peu gagnèrent tout l'espace. On eût dit maintenant comme une cloche d'albâtre, sous laquelle le phare était prisonnier.

Kerguénou fit jouer un déclic pour arrêter la marche de l'appareil, abaissa les mèches, fixa l'obturateur...

Labat, qui avait pris sa place sur la peau de mouton, n'était qu'assoupi et se réveilla tout à fait quand la lampe fut éteinte. Debout aussitôt, il regarda autour de lui et hocha la tête tristement : la brume était toujours là, morne écran circulaire, limbes blafards où l'œil tâtonnait sans trouver d'issue. On ne voyait pas la mer, ni même les roches au pied de la tour, à plus forte raison la côte, éloignée de 4 milles. Par surcroît de malechance, le baliseur, en qui espéraient les pauvres gens pour les tirer d'incertitude, ne prendrait certainement pas le large d'un temps pareil; aucun bateau de pêche ne quitterait le Cozstank ; pour vingt-quatre heures encore, peut-être pour davantage, — ces brumes d'hiver ne durent-elles pas quelquefois toute une semaine? — les deux hommes étaient condamnés à ne rien savoir...

Leurs regards, qui se fuyaient depuis la veille, se croisèrent à ce moment, et ils virent que la même pensée les obsédait.

— Tu es sûr d'avoir bien vu? demanda tout bas Kerguénou.

— J'allais te faire la même demande, répondit Labat.

— Qu'est-ce que tu as vu?

— Voilà, dit Labat. Tu sais que notre maison est crépie à la chaux et que c'est la seule, avec la maison du sémaphore, qui ait ses fenêtres tournées vers la grève : ainsi il n'y a pas moyen de se tromper...

— Il n'y a pas moyen, répéta Kerguénou.

— D'abord je ne comprenais pas très bien ce qui se passait... Devant la façade, je voyais un homme qui était monté sur une échelle et qui accrochait quelque chose ; il avait l'air de frapper avec un maillet, comme pour enfoncer des clous. Il y avait un enfant qui l'aidait, au pied de l'échelle... Et, l'homme étant descendu et ayant enlevé son échelle, j'ai vu que c'était un drap qu'il avait accroché autour de la porte de notre maison, un drap noir.

Kerguénou baissa la tête.

— Je n'ai vu ni l'homme ni l'échelle, dit-il, mais j'ai vu comme toi le drap noir... le drap mortuaire.

Tous deux se turent et ce fut à peine s'ils se reparlèrent de la journée, quoiqu'ils ne se quittassent pas d'une semelle et comme si, en se perdant de vue, ils eussent perdu la dernière raison qu'ils eussent encore d'espérer...

Etait-ce Perrine qui était morte ? Etait-ce Jeanne-Yvonne ?

Chacun d'eux se posait la question et souhaitait secrètement de la voir résoudre en sa faveur ; une sourde rivalité commençait à travailler ces deux êtres qui, la veille encore, eussent donné leur sang l'un pour l'autre. Kerguénou éprouvait bien quelque honte de ce sentiment égoïste et faisait tous ses efforts pour le refouler ; mais chez Labat, nature plus primitive et plus fruste, il éclatait presque ouvertement, au point que le malheureux manqua témoigner tout haut sa satisfaction en se rappelant qu'à son dernier congé il avait trouvé Jeanne-Yvonne un peu pâlotte ; elle se plaignait d'étourdissements, de maux de tête, de nausées... Mais Perrine aussi d'ailleurs. Et il retomba dans son anxiété.

La vérité, c'est qu'aucune des deux sœurs Jametel n'était de santé bien brillante. Leur mère était morte phtisique. Elles-mêmes, élevées à la ville, avaient eu une enfance très délicate..

Il leur revenait quelque bien de leurs parents, qui ne tarda pas à être dissipé par leur frère aîné, Casimir, un vaurien dont la mauvaise conduite avait abrégé les jours du capitaine Jametel et qui n'avait même pas pu, à vingt-cinq ans, décrocher son brevet de maître au cabotage.

Noceur, sournois, paresseux, graine d'anarchiste et de forban, Casimir avait roulé dans tous les ports, essayé de tous les métiers, goûté de la correctionnelle et failli tâter de la cour d'assises, à la suite d'une rixe'sur le Banc de Terre-Neuve, où son compagnon de pêche avait laissé la vie. L'enquête, ouverte six mois plus tard, au retour du Banc, ne put aboutir qu'à des présomptions dont bénéficia le chenapan. Relaxé, il revint au Cozstank, où il vécut ouvertement aux crochets de ses sœurs terrorisées. Leur modeste avoir personnel y passa presque tout entier, les pauvres filles, tant par faiblesse de caractère que dans l'espoir d'aider au relèvement du misérable, ayant consenti à placer le peu qui leur restait sur un dundée de 80 tonneaux, l'*Ave Maria*, laissé pour compte d'un chantier de construction avec lequel il prétendait « s'acheter une conduite » et « refaire sa fortune ».

La chose n'eût point été impossible si Casimir avait tenu ses promesses : le dundée avait été livré à perte, pour les deux tiers de sa valeur ; la coque, les agrès, tout en était neuf et de bonne qualité, hormis l'équipage.

N'ayant point de brevet et ne pouvant commander

à son propre bord, Casimir s'était associé avec un
maître au cabotage de Pontrieux, personnage équivoque, pourri de dettes et d'alcool et qui ne trouvait
plus d'engagement nulle part. Un autre matelot, de
même acabit que le capitaine, et un pauvre mousse,
souffre-douleur du trio, complétèrent l'équipage. Et,
nanti de ce personnel de choix, le *Trimardeur* —
ci-devant *Ave-Maria*, nom qui sentait trop la « bon-
dieuserie » au gré du fils Jametel — se lança un beau
jour de son ber à la conquête des flots bleus.

Deux ou trois petites opérations de cabotage,
destinées à masquer le vrai but de l'entreprise, don-
nèrent d'abord à croire que Casimir s'était amendé
pour de bon et entendait reprendre son rang dans la
société. Puis de méchants bruits coururent : le *Trimardeur* avait été signalé à plusieurs reprises dans
le chenal des Iles-Blanches sans qu'on l'eût vu pour-
suivre sa route vers l'un des ports du continent. Il
arrivait de nuit et, au matin, avait disparu...

Ces courses nocturnes éveillèrent l'attention de
la douane : des pêcheurs furent surpris transportant
des ballots de poivre et de tabac, qu'ils prétendaient
avoir recueillis au large ; mais le bon état des mar-
chandises démentait cette origine. Poivre et tabac
venaient de Jersey, relâche habituelle des fraudeurs
de la Manche. Evidemment, le *Trimardeur* débar-
quait sa cargaison dans quelque grotte de l'archipel
où les goémoniers du Cozstank et de Rozmeur, qui
connaissaient la cachette, allaient la prendre clan-
destinement et la ramenaient à terre par petits

paquets, dissimulée sous une charge de fucus.

En dépit de ces aléas, le commerce avait du bon, et Casimir, sans se gêner, eût déjà pu rembourser ses sœurs. Mais tout son argent passait en bombances ; rien n'en parvenait à Perrine et à Jeanne-Yvonne, et il fallut que, pour vivre, les pauvres filles se missent à la couture. Depuis trois ans que le *Trimardeur* avait quitté son ber, elles n'avaient plus eu de nouvelles de Casimir, si ce n'est par les bruits vagues qui circulaient au Cozstank, — et leur terreur était de le voir apparaître quelque jour entre deux douaniers ou deux gendarmes, les menottes aux mains, comme un voleur...

Ces appréhensions, ces transes continuelles, rendaient leur santé plus précaire. Elles prirent un peu d'assurance, une fois mariées. De se sentir enfin sous la protection de deux hommes comme Labat et Kerguénou, qui n'étaient point sans doute des modèles de distinction et ne réalisaient que faiblement leur idéal de jeunes filles, mais dont les bonnes et candides figures respiraient la franchise et l'honnêteté, elles goûtèrent une tranquillité d'esprit qu'elles ne connaissaient plus depuis longtemps.

Même mariées, elles allaient encore en journée chez les familles bourgeoises du Cozstank. Labat et Kerguénou avaient beau les sermonner, leur dire qu'ils gagnaient assez pour quatre, elles s'entêtaient, moitié par habitude, moitié par point d'honneur, pour tâcher d'acquitter une partie des intérêts de l'hypothèque qui grevait leur patrimoine. Les deux hommes ne prononçaient jamais devant elles le nom de Casimir : attention délicate dont elles leur savaient gré, n'ayant pu bannir de leur cœur le souvenir du misérable et lui gardant, tout au fond d'elles, une affection qu'il ne méritait guère.

Kerguénou et Labat prenaient leur revanche dès qu'ils étaient seuls ; ils se dégonflaient alors de la rancune dont ils étaient chargés et qu'avivait cette amertume secrète des petits fonctionnaires, gênés vis-à-vis de l'Administration par une parenté compromettante.

— Mes compliments ! leur avait dit encore à son dernier voyage le conducteur. Il va bien, le beau-frère ! Il vient de tuer d'un coup de revolver un douanier de Tréboul qui avait surpris son mic-mac. Les autres douaniers sont arrivés trop tard... Casimir leur avait brûlé la politesse. Mais on le rattrapera et, vous savez, ce jour-là, son affaire est claire au gaillard !...

Un petit geste vertical de la main, imitant le choc sec du couperet de la guillotine : Labat et Kerguénou avaient compris...

Et dire que la Providence, qui épargnait de pareils coquins, frappait à tort et à travers sur de pauvres innocentes comme Perrine et Jeanne-Yvonne !...

Jeanne-Yvonne, Perrine... Perrine, Jeanne-Yvonne... Laquelle ?

Si seulement l'on savait !...

*
* *

Inexorable, la brume matelassait tout l'horizon.

Dehors, sur la terrasse du phare, on ne voyait pas à trois pas devant soi ; on entendait le bruit sourd du ressac sur les roches, parfois un sifflement de pétrel ou de sterne, dont l'aile acérée venait fouetter le visage des gardiens. Et ils sentaient le vent de l'oiseau et ne distinguaient point ses formes...

Par habitude, sentiment du devoir et de la discipline, ils exécutaient encore leur service, trouvant même une sorte d'allègement à ces besognes insipides : époussetage des bidons, des verres, des glaces, des cornets, astiquage des cuivres, ramonage des lampes...

Mais ils n'avaient pas le courage de préparer à manger, se soutenaient d'un peu de café froid qu'ils prenaient d'heure en heure pour calmer leur fièvre.

Ils ne faisaient que l'exaspérer. De mauvaises lueurs vacillaient dans les yeux de Labat ; Kerguénou, comme transi, grelottait dans un coin.

Ils accueillirent l'un et l'autre avec un réel soulagement la tombée du crépuscule ; au moins, s'ils n'y voyaient pas plus clair que dans le jour, n'avaient-ils rien à dire contre la nuit qui faisait son office de nuit en les roulant dans ses ombres... Ouates couleur de suie, tulles sinistres comme des ailes de chauve-souris, mais qu'un coup de vent pouvait déchirer à l'improviste ! Le matin leur montrerait peut-être une face nette, un horizon dégagé ; sur le seuil de leur maison du Cozstank, à l'aide de leur lunette marine, ils connaîtraient enfin celle des deux femmes qui survivait, Perrine ou Jeanne-Yvonne, Jeanne-Yvonne ou Perrine...

Laquelle?

Pour chacun des deux, il fallait que ce fût la femme de l'autre et, de penser qu'il en pouvait être différemment, une jalousie féroce étreignait le cœur de Labat. Si la brume durait encore vingt-quatre heures, Dieu sait ce qui arriverait....

Ils ne dormaient pas. La sauvage musique du cornet de brume les secouait à chaque minute de son hoquet convulsif.

Rien à signaler au dehors. Nuit noire partout, sur la mer et dans le ciel.

Le registre du phare, ouvert à côté d'eux, ne portait aucune mention nouvelle depuis que Kerguénou, puis Labat, y avaient consigné leurs observations sur le naufrage du *Grimalkin*. Et, dans les intervalles de silence, quand le cornet de brume reprenait haleine, les deux hommes prêtaient l'oreille malgré eux...

C'était comme un pas qui montait l'escalier... Ou bien on grattait à la porte...

Une fois, Labat rejeta violemment sa peau de mouton et ses couvertures : il avait cru que quelqu'un l'appelait par son nom, au dehors... Il retomba sur son lit de misère, mais presque aussitôt il se redressa et Kerguénou, qui tenait le quart, tendit aussi la tête : on cognait aux vitres...

Des coups secs, répétés, pareils à une chute de grêlons sur les panneaux de la lanterne...

Stupides, les deux hommes regardaient : il leur semblait voir des linges, comme des pans de suaires qui battaient contre les vitres.

Kerguénou, une sueur froide aux tempes, se cramponnait à la main-courante de l'escalier, tandis que Labat, les yeux fous, halluciné, criait que c'était leurs deux femmes qui étaient là, mortes toutes les deux, et qui voulaient entrer...

Juste à ce moment, l'un des panneaux céda, vola en morceaux et, par l'ouverture, un grand corps blanc passa, vint s'abattre au pied de Labat, remua un moment, puis allongea dans une flaque rouge la ligne serpentine de son cou.

Kerguénou invoqua mentalement la Vierge.

Labat s'était reculé, hagard...

Ce corps, qui palpitait à ses pieds, il ne le reconnaissait pas, croyait toujours à quelque fantasmagorie, et il avait peur d'en approcher.

C'était un de ces cygnes mantelés que le septentrion chasse périodiquement vers nos côtes : trompée, dans la brume, par la lueur du phare, toute la bande avait donné à plein vol contre la lanterne dont un des panneaux avait fini par éclater. La plate-forme du phare, au matin, serait jonchée de cadavres d'oiseaux migrateurs, dont la découverte en un autre temps eût réjoui les deux hommes, apporté quelque variété à leur ordinaire.

Eux ne songeaient qu'à l'étrangeté de cette apparition, où ils voulaient voir un avertissement du destin, et ils n'osaient toucher à l'oiseau mystérieux qui était venu mourir à leurs pieds. Ils pensaient :

— C'est sûrement l'âme de la morte...

Mais l'énigme subsistait entière, malgré tout. Ils ne savaient toujours pas qui était cette morte, Jeanne-Yvonne ou Perrine... Perrine ou Jeanne-Yvonne... Et ils regardaient anxieusement l'oiseau, comme pour lui demander son secret...

Blafard, le petit jour s'éveillait et c'était une lumière si diffuse, si malade, qu'on ne savait pas si c'était réellement le jour.

Collés aux vitres, les deux gardiens attendaient : peut-être que le vent allait se lever ou que la brume serait moins épaisse.

Le vent ne se leva pas ; la brume n'avait pas reculé d'un pouce.

Alors un désespoir profond envahit Kerguénou et Labat. Leur découragement était tel qu'ils n'avaient plus la force de se haïr ; mais, au contraire, dans l'abîme de détresse où ils sombraient en même temps, les deux hommes se sentaient devenir solidaires l'un de l'autre. Ils se rapprochèrent ; Labat passa ses bras autour du cou de son beau-frère et tous les deux se mirent à pleurer.

— Ecoute, dit Labat en lâchant son compagnon.

Un sifflement doux, presque insensible, par la fente du panneau qu'ils n'avaient pas songé à boucher, entrait dans la cage de la lanterne, rebroussait, sur le carrelage, les plumes blanches du cygne mort...

— Le vent !

Le vent, en effet, un vent d'amont très faible encore, mais qui ne tarderait pas à s'étoffer.

Il arrivait de la terre, et c'était son premier souffle qui venait d'entrer dans le phare.

Déjà, dans le banc de brume qui bloquait le platier, des oscillations se faisaient sentir ; l'énorme masse se déplaçait, se lézardait, croulait de toutes parts. Le pied de la tour se dégagea, puis la roche, et la mer fut bientôt visible autour de Men-Rû...

Kerguénou et Labat se précipitèrent au dehors et durent se frayer un chemin jusqu'au parapet pour ne pas glisser sur les cadavres d'oiseaux qui jonchaient la terrasse, cygnes, bernaches, outardes, pigeons, pêle-mêle les uns sur les autres, près de trois cents bêtes au total, dont quelques-unes, la cervelle ouverte, se débattaient encore dans les affres de l'agonie...

La brume reculait toujours ; le vent en faisait des charpies qu'il chassait vers le large. Mais, vers la terre, il la dissolvait en une petite bruine serrée, dont le treillis ne permettait d'apercevoir les choses que comme au travers d'une fine gaze.

On distinguait, à la lunette, la ligne d'horizon, des bouquets d'arbres sur la hauteur, une flèche de clocher, un mât de sémaphore : le reste se confondait dans la teinte grise uniforme répandue sur le paysage. La mer elle-même était couleur de cendre, moirée seulement çà et là par le lacis des courants. Une voile de goémonier qui sortait de Rozmeur fit battre un moment le cœur des deux hommes ; mais la voile obliqua tout de suite vers Térénez dans le Nord-Est ; d'autres voiles, les unes blanches, les autres passées au tan, doublèrent le petit môle du Cozstank et se perdirent dans la même direction...

Labat, dont l'impatience grandissait, fut sur le point de hisser le pavillon noir de détresse afin d'attirer l'attention d'une des barques.

Kerguénou l'en empêcha.

— Nous n'avons pas le droit, fit-il... C'est bon si l'un de nous était blessé ou si l'appareil ne marchait plus...

— Ah ! dit sourdement Labat, tu n'as pas de sang dans les veines, toi !

Sa colère le reprenait, fouettée par l'énervement de l'attente, et ne cherchait qu'une occasion d'éclater, de se soulager dans quelque corps-à-corps brutal. Il pétrissait fiévreusement la rampe du parapet, tandis que Kerguénou, plus maître de lui, fouillait l'horizon avec la lunette.

Une fumée tacha le large.

— Voilà le baliseur, dit Kerguénou. Cette fois, c'est fini, nous allons savoir...

— Montre ! dit Labat d'un ton autoritaire.

Kerguénou lui passa la lunette, qu'il promena longuement sur la coque du navire, de l'étrave à l'étambot, comme pour bien s'assurer qu'il n'était pas la

dupe d'une nouvelle illusion. Le baliseur, avec
jusant et bon vent, devait être à Men-Rû dans une
demi-heure ; vu l'état de la mer, il lui serait facile
de détacher un canot pour accoster l'escalier du
phare. L'opération ne durerait guère et, tout de
suite, par le premier mot du conducteur, les deux
gardiens seraient renseignés...

* *
*

Renseignés !

A l'idée qu'ils allaient enfin savoir, connaître le
mot de l'énigme, tout leur courage s'en allait à vau
l'eau. Même Labat se sentait devenir faible comme
un enfant... Ne pouvant tenir en place, les deux
hommes avaient abandonné leur poste et s'étaient
dirigés vers l'escalier d'accès taillé dans le granit du
platier. Ils descendaient, remontaient les marches
et les redescendaient pour les remonter encore.
Kerguénou, finalement, s'était assis sur une roche,
la tête dans les mains.

Labat, les bras croisés, contenant la palpitation
de son cœur, regardait grandir sur la mer la coque
du baliseur des ponts et chaussées.

Le navire approchait ; sa cheminée rouge et noire
crachait sur le ciel un gros tire-bouchon de fumée,
dont les dernières volutes allaient se perdre à l'horizon.

La sirène de la machine hulula, réveillant Kerguénou de son atonie : le baliseur, arrêté à quelques encâblures du phare, se mettait « sur ses

chaînes », pour résister au courant de dérive. Dans la baleinière, vite armée et montée par deux matelots de l'équipage, le conducteur, en caban de toile cirée, botté. sa serviette sous le bras, descendait avec le gardien qui venait remplacer Kerguénou.

Un singulier homme, ce conducteur, jeune encore, très froid, très réservé d'habitude, à cheval sur le service et qui, ce jour-là justement, où il aurait dû se composer une figure de circonstance, badinait avec les matelots, sans prendre garde aux malheureux qui l'attendaient sur l'escalier du phare, leur casquette à la main.

La baleinière, que Kerguénou avait aidé à « éviter », se rangea le long des marches : le conducteur sauta légèrement à terre, suivi du gardien de « relève », à qui les matelots passaient sa cantine et son sac de provisions.

— Bonjour, mes braves !

Positivement, il était de bonne humeur ce matin-là, le conducteur !

Retroussant les pointes de sa moustache, vif, souriant, la figure allumée par la fraîcheur du large, il fit à peine attention aux deux hommes confondus et passa devant eux en coup de vent. Le gardien, qui venait derrière lui, courbé sous son sac et sa cantine, ne paraissait pas plus soucieux d'entamer la conversation. Sans doute il attendait qu'on l'interrogeât...

Aucun des deux hommes n'en avait la force.

La gorge sèche, les yeux perdus, semblables à des

automates, ils emboîtèrent le pas à leur collègue, arrivèrent en même temps que lui dans la salle du rez-de-chaussée où le conducteur, tout de suite à la besogne, avait déjà ouvert le registre du phare dont il relevait les indications feuillet par feuillet...

Il ne broncha pas, quand Labat et Kerguénou entrèrent. Mais une note, dans la colonne des observations, parut soudain l'intéresser.

— Qu'est-ce que vous m'avez fichu là, à la date du 13, Labat ?... Le *Grimalkin* perdu corps et biens ?... Mais le *Grimalkin* est au Cozstank depuis deux jours !...

Labat balbutia une vague excuse : il avait cru... l'état de la mer... les avaries du navire... enfin les épaves et le fragment de tableau trouvé le lendemain par son collègue et où il y avait encore les quatre lettres RIMA...

— RIMA... RIMA... répéta le conducteur comme cherchant le mot d'une énigme.

Et, se frappant le front tout à coup :

— Ah ! je comprends... RIMA... Mais, malheureux, ou plutôt heureux hommes que vous êtes tous les deux, ce n'est pas le *Grimalkin* qui s'est perdu corps et biens dans la nuit du 12 au 13, c'est le dundée de votre chenapan de beau-frère, c'est le *Trimardeur*... dans le nom duquel entrent aussi les quatre lettres RIMA !...

— Casimir est mort ? interrogea Kerguénou, en qui une lueur d'espérance venait de se glisser...

— Ça, mes enfants, dit en riant le conducteur, je

puis vous le garantir... Casimir est mort, tout ce qu'il y a de plus mort... Mort noyé, presque à l'entrée du Cozstank, où on a trouvé son corps, au matin, sur la grève...

Kerguénou et Labat ouvraient de grands yeux... La stupeur, un reste d'appréhension, paralysaient en eux toute conscience.

— Eh bien quoi ! dit brusquement le conducteur, vous n'êtes pas contents d'être débarrassés d'une fripouille pareille?... Ça vous aurait fait plus de plaisir de le voir quelque jour monter sur l'échafaud ?

— Non ! non ! dit enfin Labat... Ce n'est pas rapport à lui que nous nous faisions du tourment, Monsieur le conducteur... C'est rapport à ses sœurs..., à nos femmes..., Perrine et Jeanne-Yvonne..., à l'une des deux au moins..., puisque nous avons vu un drap noir sur la porte de leur maison... Ainsi...

— Mais c'était le drap mortuaire de Casimir, ce drap ! Vous savez bien que le bandit n'avait plus de parents que ses sœurs, pas de maison à lui, pas d'amis, personne au Cozstank qui voulût le recevoir... A moins de l'enfouir dans la grève, comme un chien crevé, il fallait bien que Jeanne-Yvonne et Perrine prissent le corps chez elles... Voilà toute l'histoire !... Pardon, j'oubliais le principal... Ah ! j'en ai une mémoire !...

— Le principal ? murmura Kerguénou.

— Oui, une commission dont m'a chargé Perrine pour son mari.... pour vous, Labat, qui ne devez pas descendre à terre avant huit jours... Il paraît, heureux gaillard, qu'il y a du nouveau chez vous et que dans quelques mois d'ici... suffit! J'espère que vous m'inviterez au baptême, hein ?

— Et... Jeanne-Yvonne... ne vous a chargé d'aucune commission pareille pour moi, Monsieur le conducteur ? demanda timidement, mais non sans un accent de secrète jalousie, Kerguénou.

— Non, mon garçon, dit gravement le conducteur. Elle ne m'a chargé de rien pour vous... Mais je sais bien pourquoi : c'est parce que vous allez être à terre dans une heure d'ici et qu'elle se réserve le plaisir de vous faire la commission elle-même.

Plat de Carême

A Antoine Albalat.

C'était chez Paul Cherfils, au cours d'un de ces dîners de carême qui ont fait la réputation gastronomique de notre ami. On venait de servir les lottes au muscadet, un plat inédit, le « clou » de la soirée.

— Merveilleux ! dit Lansyer qui résuma l'impression générale. Qui diable, Cherfils, t'a donné la recette de ce plat-là ?

— Oui, oui, son nom ! clama toute l'assistance enthousiasmée.

— Messieurs, dit Cherfils, je vous le dirais que vous n'en seriez pas plus avancés. Quelqu'un de vous connaît-il Pamphile Borderon ?

— Hein! Quoi ? Pamphile...

— Pamphile Borderon.

— C'est le nom de ton nouveau chef ?

— C'est, dit Cherfils, le nom d'un ci-devant braconnier de la Rouche-Banche, une terre assez vaste que je possède dans le sud-ouest de la Loire-Inférieure. On appelle « rouche », par là, une variété de plante aquatique qui est le *carex* triguètre ou laiche des botanistes et qui entre pour une forte part dans la composition de la tourbe. De fait, la terre en question est plus un marais qu'une terre. Au printemps, quand le hoyau n'a pas entamé la « pélette », cela vous a encore des airs de pampas. Mais, vienne l'automne, tout est noyé, sauf quatre ou cinq mamelons et quelques carrés d'emblavures.

— Voilà un patelin qui doit rapporter à son propriétaire plus de rhumatismes que de fafiots, dit Lansyer.

— Parfaitement exact, répliqua Cherfils : la Rouche-Blanche n'a rien d'un domaine princier. Telle quelle, Lansyer, avec ses quinze cent soixante-trois hectares de tourbières et d'eaux mortes, elle fait fort bien mon affaire : la sauvagine y foisonne en tous temps et, dès les premiers froids, hérons, cobrégeaux, pluviers, canards, bernaches, s'y abattent par régiments... Ajoutez, Messieurs, que les quatre étangs de la Rouche passent à juste titre pour les plus poissonneux de la Loire-Inférieure. C'est le paradis des anguilles, des lamproies et des lottes. Pêche et chasse y sont réservées, naturellement... J'entretenais sur le domaine, jusqu'à ces derniers temps, trois gardes assermentés, Didier Blaizot, Pierre Trémintin et Athanase Tardivel. L'hiver, quand je villégiaturais à la Rouche, je descendais tantôt chez l'un, tantôt chez l'autre. Mais, que ce fût chez Pierre, chez Didier ou chez Athanase, les mêmes doléances m'accueillaient inévitablement, au saut de mon boggy : trois gardes n'étaient point assez pour assurer le service du domaine, et il en eût fallu au moins un quatrième, tant croissaient l'audace et le nombre des braconniers ! Herbauges et Carquefol, les deux localités voisines, étaient de vrais repaires de bandits qu'il eût fallu raser jusqu'aux fondements ; Herbauges, surtout, où habitait un certain Pamphile Borderon, cauchemar de mes gardes, qui l'avaient fait déjà coffrer une demi-douzaine de fois, sans parvenir à lui ôter le goût du braconnage.

— Mais quel homme est-ce enfin, ce Pamphile ? demandai-je un beau jour, intrigué, à Athanase.

— Oh ! pas un méchant homme certainement, Monsieur Paul, n'était qu'il passe la moitié de ses nuits sur nos viviers. De son métier, censément, il est rempailleur. Mais, vous savez, les chaises qu'il rempaille...

— Oui, on ne s'assoit pas souvent dessus.

— Comme vous dites ! Il est aussi aubergiste, et ça ne serait pas encore ce métier-là qui lui donnerait des rentes dans un pays qui compte autant d'auberges que de maisons. Mais Pamphile a des secrets. Paraît qu'il n'y a pas un endroit où l'on mange d'aussi bonnes lottes que chez lui : c'est du nanan, ça embaume, ça fond dans la bouche...

— Vous en parlez comme un connaisseur, Athanase.

— Oh ! Monsieur Paul, vous ne voudriez pas !... Je répète ce que j'ai entendu, voilà tout... Des lottes

volées, des lottes de vos étangs !... Ah ! il s'en
engraisse, on peut dire, le gueux, lui, sa bourgeoise
et sa potée de mioches, dont l'aîné n'a pas treize
ans et tout de même vient de décrocher son certificat d'études.

— Eh ! mais, ce n'est déjà pas si mal pour le fils
d'un braconnier, Athanase. L'enfant, pour peu qu'il
continue, promet de valoir mieux que son père.

— Heu ! Heu ! Qu'est-ce que nous en pouvons
savoir, Monsieur Paul ? L'enfant a de l'esprit et de
l'*inducation,* c'est possible. Mais bon chien chasse de
race, et les certificats d'études n'empêchent point
d'avoir le braconnage dans le sang. Vous verrez
qu'il nous donnera de la tablature aussi, ce galopin-
là. Nous en avons pourtant bien assez comme ça,
et si Monsieur ne se décide pas à prendre un quatrième garde...

— J'y songerai, Athanase, j'y songerai. Mais cette
histoire de lottes m'a mis l'eau à la bouche... Croyez-
vous qu'avec un peu d'adresse on ne pourrait pas
obtenir de Pamphile certaines indications ?... Il nous
la vendrait peut-être, sa recette.

— Lui, Monsieur, vous la vendre ! D'autres ont
essayé avant vous. Pamphile n'a jamais voulu rien
entendre : je vous dis que vous ne le connaissez pas.

Je devais pourtant faire sa connaissance sans
beaucoup tarder, et d'une façon assez inattendue.

Au brun de nuit, Athanase et moi nous étions

partis, dans la grande niole, à la passée des canards. La nuit tombe vite en novembre, et la passée dure peu ; à six heures, treize cols-verts et quatre bernaches gisaient au fond de la niole. Une autre demi-heure s'écoula sans un claquement d'ailes et nous décidâmes de rentrer. Je me sentais, d'ailleurs, un appétit de tous les diables, auquel l'histoire des lottes n'était peut-être pas complètement étrangère. Athanase reprit sa perche. Doucement, silencieusement, en rasant les herbes, la niole glissait sur une eau de velours sombre, pailletée d'argent mat aux rares coulées où la lune reflétait son croissant. Et, ma fièvre cynégétique un peu calmée, je me laissais envahir malgré moi par la mélancolie indéfinissable de ce grand paysage aquatique, comme frappé de léthargie, qui baignait dans une clarté morne et glacée.

Cet état de demi-somnolence fut cause sans doute que je ratai de mes deux coups de fusil un butor qui s'enleva brusquement, à cinq pas de nous, avec un de ces cris rauques qui ressemblent au bruit d'un racloir. Mais, dans le moment même, je n'eus guère le loisir de philosopher sur ma maladresse, car un autre cri, parfaitement humain, celui-là, répondit à mon deuxième coup de fusil ; les roseaux s'entr'ouvrirent et une ombre affolée détala dans la nuit. Elle n'alla pas loin, du reste ; le pied lui manqua et elle s'abattit tout à trac dans la vase, ce qui nous donna le temps d'intervenir.

Athanase avait sauté sur la berge et saisi le fuyard

par la ceinture, tandis qu'il se relevait pour reprendre sa course...

— Mais c'est Isidore... le fils à Pamphile !... Ah !
par exemple, coquin, je t'y prends : qu'est-ce que tu
fichais là ? Pourquoi criais-tu tout à l'heure comme
un putois ?

— Aïe ! Aïe ! Ce que ça me cuit ! gémissait de plus
belle Isidore en se tortillant.

— Quoi ! Qu'est-ce qui te cuit ?

— Le bas des reins... là... Et puis le mollet
gauche aussi... C'est comme du feu, depuis ce coup
de fusil... Bien sûr que j'ai dû recevoir toute la
charge.

— Tu plaisantes, hein ? C'est des manigances pour
qu'on ne te tire pas les oreilles trop fort, comme tu
le mériterais.

— Oh ! Monsieur le garde, si on peut dire !

— Je vais bien voir, dit Athanase, qui fit cra-
quer une allumette et se pencha sur son prisonnier.

Moi-même, aux derniers mots de la conversation,
j'avais sauté à terre, quelque peu ému à la pensée du
malheur involontaire que je venais de causer : si
l'enfant était réellement blessé, j'entendais ne rien
négliger pour lui assurer des soins immédiats Mais
l'examen d'Athanase me rassura tout de suite.

— Il n'a rien de cassé, Monsieur Paul. Deux ou
trois éraflures seulement... Le plomb n'a même pas
pénétré... Allons, clampin, assez de giries et par
file à gauche, arche !

— Non, dis-je, Athanase. Je tiens à en avoir le

cœur net. La Rouche est tout près. Isidore va nous accompagner dans la niole. Une fois là-bas, nous verrons.

— Hi ! Hi ! Hi ! J'aime mieux retourner aux Herbauges, gémit Isidore, qui retrouva subitement des forces à la pensée de demeurer plus longtemps dans notre société.

— Voyez-vous ça ! dit Athanase... C'est-y que Monsieur ton père t'y attend, aux Herbauges, ou bien s'il est quelque part aux environs, en train d'arrondir sa gibecière ?

L'enfant ne répondit pas. Convaincu de l'inutilité de ses efforts, il faisait semblant de réparer le désordre de sa toilette et travaillait en réalité à se débarrasser subrepticement d'un petit sac caché sous sa blouse : il avait compté sans Athanase, qui surprit le mouvement et happa au vol la musette où frétillaient cinq ou six lottes magnifiques, de ces lottes que Pamphile s'entendait si bien à préparer.

— Je m'en doutais... Ah ! Monsieur Paul, quand je vous disais que bon chien chasse de race. La preuve, la voilà... Et tout le reste, jérémiades et cris de putois compris, n'était que de la frime, une farce pour nous apitoyer... Pardine ! mon coquin, ton affaire est bonne... Je confisque les lottes, qui serviront au souper de M. Paul, et je te dresse procès-verbal.

L'effet de ce dernier mot fut proprement magique : Isidore, en l'entendant, tomba sur les genoux, tordit ses mains.

—Oh ! Monsieur le garde ! Monsieur le garde ! Je vous en supplie, ne faites pas ça... ne me dressez pas procès-verbal.

— Hein ? Tu te gausses, j'imagine.

— Non ! Non ! Je ne me gausse pas... J'avoue tout... Mais, mon Dieu, un procès-verbal ! Si papa vient à apprendre !

— Bon ! Un cheval de retour comme ton père, un gibier de correctionnelle, un récidiviste ! Mais il sera enchanté des dispositions de son fils !

— Papa ? dit sombrement l'enfant. Je le connais : il me tuera.

Cela était dit d'un tel ton, avec un tel accent de conviction tragique, que j'en éprouvai un léger frisson. La sommaire psychologie de mon garde pouvait s'y tromper ; mais, moi, avais-je en conscience le droit de désespérer cet enfant et de négliger l'avertissement indirect qu'il me donnait ? D'ailleurs, n'était-ce point là ou jamais l'occasion d'entrer en rapports avec Pamphile et de lui toucher un mot de sa fameuse recette ?

— Ecoute, dis-je au petit. On ne te dressera pas procès-verbal, je te le promets. Mais tu nous as trompés déjà et je ne veux pas que tu recommences... Il faut que je sache s'il est vrai que ton père t'a défendu de braconner. Dis-moi où il est en ce moment ; je le ferai chercher par Athanase et nous nous expliquerons.

— Je ne peux pas, murmura l'enfant.

— Vous voyez bien, Monsieur Paul ! s'écria triom-

phalement Athanase. Père et fils s'entendent comme larrons en foire. Allez, si le petit ne veut pas vous dire où est Pamphile, c'est qu'il sait à quelle jolie besogne on le trouverait occupé et qu'il aime mieux éviter une nouvelle contravention à son paternel. Une de plus, une de moins, pourtant...

— Est-ce là, en effet, ce que tu crains ? demandai-je doucement à l'enfant.

— Oui, dit-il à voix basse.

— Eh bien, je veux encore te rassurer, petit... Ce n'est pas Athanase, c'est moi qui irai chercher ton père. Et, à quelque besogne que je le trouve occupé, je te promets de fermer les yeux.

— Si c'est comme ça ! dit Isidore ébranlé. J'ai suivi papa sans qu'il m'ait vu... Il était à la Petite-Brière, du côté du vivier... Il y est encore peut-être, si on ne l'a pas dérangé... C'est à dix minutes d'ici par la digue.

— Soit, j'y vais tout de suite. Toi et Athanase, vous allez filer à la Rouche, où maman Tardivel t'appliquera sur les reins un cataplasme de beurre frais... Surtout qu'on ne cuise pas les lottes avant mon retour !

Et je partis sur cette recommandation.

*
* *

Je n'allai pas loin.

Il y avait décidément un guignon, ce soir-là, sur les membres de la tribu Borderon. Comme je réfléchissais aux moyens d'aborder Pamphile sans lui donner l'éveil, j'entendis le tapage d'une rixe, des jurons, des cris : le père d'Isidore venait de se faire pincer par mes deux autres gardes, Pierre et Didier ; après une résistance assez vive, ils étaient parvenus à le ligoter. L'homme en cet état, les vêtements déchirés, une bave rougeâtre aux lèvres, n'était ni très rassurant ni très sympathique. J'invitai néanmoin mes gardes à le relâcher.

— Laissez-nous seuls, leur dis-je. J'ai besoin de parler à Pamphile.

Pierre et Didier s'éloignèrent en hochant la tête ; peut-être n'étaient-ils pas très convaincus du parfait état de mes facultés mentales. J'attendis qu'ils eussent traversé la digue et, quand leurs silhouettes se furent effacées dans la nuit :

— J'ai une mauvaise nouvelle à vous annoncer, Pamphile. Votre fils Isidore vient d'être pris en flagrant délit de braconnage ; Athanase lui a dressé procès-verbal.

La digue surplombait d'assez haut l'étang pour qu'à la faveur de la lune je pusse distinguer l'effet de cette communication sur la physionomie de Pamphile. Les traits de l'homme se contractèrent affreusement et la respiration lui manqua.

— Non ! dit-il enfin, c'est des histoires ! Vous voulez m'effrayer. Isidore n'a pas fait ça.

— Pourquoi n'aurait-il pas fait ce qu'il vous voit faire vous-même tous les jours ? Vous braconnez, il braconne. C'est naturel qu'un fils imite son père.

— Naturel ! dit amèrement Pamphile. Alors, à

quoi que ça sert, l'instruction ? Je ne dis pas que je
lui donne le bon exemple. Mais je n'ai jamais été à
l'école, moi... Je ne sais ni A ni B. Je n'ai pas eu de
père pour me nourrir, me frusquer et m'acheter des
livres... Je suis un enfant trouvé et, si j'ai braconné
dès ma première culotte, c'est que je n'avais
personne pour me dire que je faisais mal... Au contraire... Et l'on me poussait plutôt... Et puis...
quand l'âge est venu... la raison..., c'était trop tard. Je
le sais bien, allez ! Le braconnage, quand on a commencé tout petit, ça vous tient à la peau : il n'y a plus
moyen de s'en débarrasser. Et les procès-verbaux,
les amendes, la prison, plus tant on en collectionne,
plus tant on s'entête... Ah ! si on savait !

— Vous avez donc des regrets de votre mauvaise
conduite, Pamphile ?

— Moi ? dit Pamphile, en redressant le front d'un
air de défi. Que je regrette ou que je ne regrette
pas, ça ne changerait rien. Il ne s'agit pas de moi,
mais du petit, d'Isidore, mon aîné, un enfant qui
était notre orgueil, à sa mère et à moi. Les amendes,
la prison, j'y suis fait ; j'en rougis seulement plus.
C'est ma vie, quoi ! Et elle a de bons moments après
tout.

— Oui, dis-je, les jours, par exemple, où vous
faites danser mes lottes dans la casserole.

— Dans la casserole, des lottes ! Enfin, tous les
goûts sont dans la nature, comme on dit... N'em-
pêche que je croirais faire un péché mortel en mettant des poissons pareils à la casserole... Mais

qu'est-ce que je vous raconte là ? Voilà que je vous
parle cuisine, à cette heure ! Revenons à Isidore.
Eh bien, je ne veux pas qu'il marche sur les traces
de son père, le gars. C'est mon idée, et rien que de
penser à ce que serait sa vie... aux amendes... à la
prison... au déshonneur...

— Bon ! dis-je, il s'y fera comme vous. Il n'y a
que le premier pas qui coûte.

— C'est ce que nous verrons ! dit Pamphile.

— C'est tout vu, répliquai-je. Vous le battrez,
vous l'assommerez... Et après ? Vous venez de le
dire vous-même, Pamphile : le braconnage, quand
on a commencé tout petit, ça vous tient à la peau.
Les raclées n'y peuvent rien. L'école non plus, si
elle n'a pas son point d'appui dans la famille. Pour
que la leçon servît à Isidore, il faudrait qu'elle vous
servît à vous-même. Corrigez-vous, l'enfant se cor-
rigera...

— Faudrait pouvoir, dit Pamphile. Je me connais.
Je vous promettrais de ne plus braconner, je serais
peut-être sincère sur l'instant, et puis, un beau soir,
va te faire lanlaire... je rechuterais... Il n'y a pas, et
c'est plus fort que moi : le marais, les joncs, l'affût
dans la rouche, au brun de nuit, c'est des choses
qui m'ensorcellent. Je suis un sauvage, moi. Et je
mourrai comme j'ai vécu...

— Qui sait, Pamphile ?... Il y aurait peut-être un
moyen de tout arranger. Que penseriez-vous, par
exemple, d'une combinaison qui vous permettrait de
vivre à votre guise, en sauvage, comme vous dites,

3***

sur votre cher marais, et de ne plus risquer les procès-verbaux et la prison ?

— Pour être un sauvage, on n'est pas tout à fait une bête. Je penserais qu'à moins d'être le bon Dieu ou le Président de la République, il n'y a personne qui soit capable de faire un pareil miracle.

— Et voilà ce qui vous trompe, Pamphile. Le miracle, si tant est que c'en soit un, il n'appartient qu'à vous de le réaliser. Je sais que vous êtes un honnête homme et qu'en dehors de vos goûts de maraude on n'a rien de grave à vous reprocher. Enfin, ce n'est pas banal, un braconnier qui ne veut pas que son fils braconne ! Ça me décide. Mes trois gardes sont surmenés ; ils me réclament un auxiliaire : voulez-vous entrer à mon service ?

— Qui ? Moi, Monsieur Paul, entrer à votre service ? Devenir un de vos gardes ! Vous n'avez pas réfléchi à ce que vous me proposez !

— J'y ai réfléchi, Pamphile. J'y ai même mûrement réfléchi. Ce sont les vieux braconniers qui font les meilleurs gardes. La Rouche, avec vous, ne tarderait pas à être nettoyée de ses maraudeurs.

— Pour ça, je ne dis pas. Et il n'y a pas de braconnier qui m'en remontrerait.

— Vous voyez bien.

— Tout de même, c'est si étrange, si inattendu, ce que vous me proposez là !

— C'est que j'ai mon plan.

— Ah ! dit Pamphile avec une nuance d'inquié-

tude. Je me disais aussi... Enfin, si vous n'y mettez
pas des conditions trop rigoureuses...

— Vous allez en juger vous-même, Pamphile.
Suivez-moi.

* *
*

Quelques minutes plus tard, nous faisions notre
entrée chez Athanase. Le garde, en apercevant
Pamphile, n'avait pu réprimer un froncement de
sourcil ; quant à Isidore, rencogné dans l'angle le
plus obscur de la pièce, la terreur le paralysait littéralement et, si ses reins le picotaient encore, il n'y
paraissait guère. Maman Tardivel avait déjà fait le
nécessaire, il est vrai : la moche de beurre sur la
table en témoignait. Et la noble sérénité avec
laquelle, dans la pièce voisine, elle officiait devant
ses fourneaux m'était une nouvelle garantie de la
bénignité des blessures d'Isidore. Ma seule inquiétude venait de l'orageuse nuée qui, à la vue de son
pantelant héritier, avait chargé brusquement l'œil
de Pamphile. J'y discernais plus d'indignation
encore que d'ire véritable : c'était donc là tout l'effet
des certificats d'études ! Il y a je ne sais quoi de touchant et de **très** généreux, en somme, dans le respect superstitieux des ignorants pour l'instruction,
dans leur croyance en ses vertus et en son infaillibi-
lité. Je comprenais à présent pourquoi ce braconnier incorrigible ne pouvait se faire à l'idée que son
fils braconnât comme lui... Mais les circonstances
exigeaient une grande rapidité de décision.

— Athanase, dis-je, êtes-vous toujours d'avis qu'un nouveau garde vous serait nécessaire ?

— Dame ! Monsieur Paul, dit Athanase, en clignant des yeux dans la direction d'Isidore, vous avez pu en juger vous-même.

— Eh bien, j'ai peut-être votre affaire. Voyons ce que Pamphile en pense.

— Pamphile ? Ça le regarde donc ? dit Athanase interloqué.

— Au premier chef, Athanase.

Et, me tournant vers Pamphile qui avait peine à tenir en place :

— Croyez-vous, lui dis-je, que la conduite d'Isidore mérite une sévère correction ?

— Si je le crois ! éclata Pamphile. Vous allez voir tout à l'heure !

— Correction sur correction ne vaut, ripostai-je en empruntant un axiome juridique. Isidore a déjà été châtié d'importance... Viens ici, petit, tourne-toi... Ça te cuit-il encore ?

— Hi ! Hi ! Hi ! gémit Isidore.

— C'est le beurre de maman Tardivel qui fait son effet... Il faudra renouveler la compresse, Pamphile : le petit, tandis qu'il dévalisait mes viviers, a reçu quelques grains de plomb dans le bas du dos... Plus de peur que de mal, en somme... Mais j'estime que la correction a été suffisante et je veux que vous me promettiez d'en rester là.

— C'est-y une de vos conditions, monsieur Paul ?

— Oui, dis-je, c'est la première. Car il y en a une
autre beaucoup plus importante.

— Laquelle donc ?

— Pamphile, dis-je, les lottes que votre fils a
pêchées sont là. Athanase voulait que maman Tardivel les accommodât pour mon souper. J'ai refusé...

— Ah ! dit Pamphile.

— J'ai refusé, continuai-je, dans le vague espoir
que vous consentiriez à les accommoder vous-même.
C'est un grand sacrifice que je vous demande, Pamphile. Je sais qu'on a voulu à plusieurs reprises vous
acheter votre secret...

Je lus une brève hésitation dans l'œil de Pamphile.

— Il me faudrait une baguette de fusil, dit-il tout à
coup.

— Bon !

— Un feu de bois de genévrier.

— Entendu !

— Une lèchefrite, du beurre, des échalotes, de la
pimprenelle et un flacon de muscadet. Ah ! et puis
un pilon pour écraser le foie...

— On va vous donner cela, Pamphile. Est-ce
tout ?... Bien ! Athanase, je vous présente votre nouveau collègue.

.   .   .   .

— Messieurs, conclut Paul Cherfils, ce sont des
lottes à la Pamphile Borderon qu'on vient de vous
servir... Trouvez-vous que j'aie payé trop cher la
recette ?

Tit-Ouis

A Georges Lecomte.

I

Les ruelles sordides du vieux Grouville s'animaient
d'un remous tapageur de matelots en fête : c'était la
Saint-Césaire, le jour de la bénédiction générale des
terreneuviers, à l'issue de laquelle les armateurs
offrent aux gars la tournée d'adieu connue sous le
nom bizarre de « café du commun ».

Dans la darse, cinquante navires moruyers, frais
de cambouis et de peinture, battant tous leurs
pavois, rayaient le ciel bas de leurs gréements
rajeunis. La cérémonie venait de s'achever; le cortège des officiers du port, des capitaines et des équipages se disloquait et, sur les quais du bassin
Béthencourt, les marins tanguaient, chaloupaient,
pressés de se rendre à l'invitation de leurs armateurs...

— Pardon, excuse... C'est-il point vous Jean
Quibeuf, le maître d'équipage des *Trois-Cousins* ?

L'hercule moustachu d'une trentaine d'années auquel s'adressait la question toisa son interlocuteur, un petit homme brun, imberbe et trapu qui semblait appartenir à une autre race.

— Oui dà, pourquoi ? répondit-il.

— Ah ! Je pensais bien aussi... Vous ne me remettez point ?... Louis Flouin, dit Tit-Ouis, qu'a « signé » l'autre jour en même temps que vous ?

— Espère !... Oui, je te remets à cette heure, dit le géant. Que nous avons même piqué une sacrée vadrouille après, hein ?

— Juste, Auguste !

— Pour lors, on va boire ensemble le « café du commun » ?

— Dame ! c'est point de refus.

— Amène !...

A terre, les maîtres d'équipage s'acoquinent volontiers avec leurs hommes. Les deux marins fendirent la foule et s'acheminèrent vers le *Fidèle-Caniche*, l'établissement où l'armateur des *Trois-Cousins* devait régaler l'équipage.

II

Jean Quibeuf était une figure familière à Grouville. Il y était né ; il y avait grandi et comptait déjà douze campagnes au Banc. La prochaine serait la treizième, un mauvais chiffre.

Bien vu de son capitaine et de son armateur, à

cause de ses fortes qualités nautiques, Quibeuf était
en revanche détesté de la majeure partie de ses com-
patriotes, qui avaient eu trop souvent à se plaindre
de sa brutalité. Rixes pour un rien, batteries contre
des bordées rivales ou contre les agents de police,
le casier du drôle s'enrichissait à chaque rentrée du
Banc. Et des histoires couraient sur lui, des histoires à frémir, dont une au moins n'était peut-être
pas inventée de toutes pièces. Le Pilven, un Breton
de Cancale, l'avait formellement accusé d'avoir
causé par ses sévices la mort de Félix Serbas, le petit
mousse des *Trois-Cousins*. Il donnait des détails
atroces ; il prétendait que Félix Serbas, bête noire
du maître d'équipage, avait souffert tout ce qu'on
peut souffrir. Privé de nourriture, lardé de coups
d'épiquois, le martyre du pauvre être n'avait pris fin
qu'avec son souffle, certaine nuit qu'on l'avait attaché au grand mât, nu jusqu'à la ceinture, par un
froid de 15 degrés. Quand le Pilven avait voulu s'in-
terposer, Quibeuf s'était armé d'une hache et avait
menacé de l'envoyer par-dessus bord, en trente-six
morceaux, régaler les flétans.

Le maître d'équipage fut arrêté à la suite de cette
dénonciation. Mais le témoignage isolé du Breton ne
pouvait prévaloir contre les témoignages réunis du
capitaine et des autres hommes des *Trois-Cousins,*
qui, par esprit de solidarité ou par crainte de repré-
sailles, refusèrent de charger leur camarade. L'in-
culpé bénéficia d'un non-lieu. Félix Serbas, natif de
Cancale comme Le Pilven, était orphelin de père et

de mère. Il ne lui restait, pour toute parentèle, qu'une sœur aînée, Jacqueline, de douze ans plus âgée que lui, qui l'avait élevé et qui, le moment venu d'en faire un mousse, l'avait confié à Le Pilven dont la femme travaillait avec elle sur la « claire ». L'homme promettait de veiller sur l'enfant et de le « débrouiller ». Jacqueline n'en demanda pas davantage. On n'a pas grand temps à donner au sentiment dans la profession de « matelote ». Et cette Jacqueline au torse noueux et au visage mal équarri, basse sur pattes, mais solide comme pas une à la besogne, de cinq heures du matin à huit heures du soir, ne quittait pas son bachot ou sa claire. Une gaillarde, en somme, malgré sa petite taille. Fille de marin, elle s'entendait aussi bien qu'un banquais à carguer une voile ou à grimper dans les enfléchures d'une goélette. Et peut-être qu'elle présente Jean Quibeuf n'eût pas si aisément tiré son épingle du jeu. Mais la malechance avait voulu que Jacqueline tombât malade au moment de l'instruction de l'affaire, et Le Pilven, livré à ses propres ressources, brave homme, mais gauche, irrésolu, facile à démonter, ne put ou ne sut forcer la conviction du magistrat.

Quant à Louis Flouin, dit Tit-Ouis (Petit-Louis), c'était décidément ce qu'on appelle un drôle de pistolet. Outre qu'il ne payait pas de mine, il était Breton comme Le Pilven et Félix Serbas et, depuis l'affaire des *Trois-Cousins*, les armateurs se défiaient des « étrangers », surtout des Bretons.

Puis des difficultés avaient surgi, lors de la présentation de ses papiers. Louis Flouin, en effet, possédait bien un livret d'inscrit maritime, nanti de tous les cachets désirables, et un certificat en due forme d'un patron cancalais, avec qui il avait navigué à Terre-Neuve ; mais son signalement écrit ne faisait vraiment pas honneur au « scribe » qui l'avait rédigé. Ainsi le Flouin du livret avait 1 m. 58 de taille, des cheveux blonds, le nez moyen, le front bas, tandis que le Flouin de la réalité ne mesurait que 1 m. 52 et, par ailleurs, présentait toutes les caractéristiques des autochtones de la péninsule armoricaine : cheveux noirs, nez gros, tête ronde, front bombé. Les yeux, du moins, étaient les mêmes dans le signalement et chez Tit-Ouis : bleu foncé. Et l'homme avait au front une cicatrice qui était relevée sur le livret.

Cela dissipa les derniers doutes qu'on avait pu concevoir sur son identité : Tit-Ouis fut porté comme « avant de doris » sur le rôle des *Trois-Cousins,* toucha les 150 écus de sa prime d'engagement et, au lieu d'accompagner les camarades à l'auberge, histoire de nouer connaissance devant une bolée de *flip* ou un petit verre de *calva,* se mit à louvoyer dans le sillage de Jean Quibeuf tout ainsi que s'il avait voulu faire la conquête du maître d'équipage. Singulière attitude et qui donnait à penser aux autres pêcheurs ! Ce nabot de Cancalais, avec ses airs mielleux dans sa figure de vent debout, ne leur inspirait aucune confiance. Sûr qu'il couvait quelque mauvais dessein ! Il avait des yeux qui luisaient comme des quinquets, quand d'aventure, pour en masquer la flamme, il ne les tenait pas rivés sur ses bottes. Aussi les Grouvillois des *Trois-Cousins* se promirent-ils de veiller au bossoir et serré. Gare dessous si Tit-Ouis faisait trop le malin !

Jean Quibeuf et Tit-Ouis, devenus une paire d'amis, ne se quittèrent pas de la soirée. Du *Fidèle-Caniche*, après la réception de l'armateur, ils roulèrent bras dessus, bras dessous, au cabaret de la *Femme-sans-Tête*, de la *Femme-sans-Tête* au café de la *Flotte marchande*... Tout le monde buvait ferme à Grouville, ce soir-là, en l'honneur de la Saint-Césaire. Une fièvre d'orgie était dans l'air. Par bandes hurlantes, les marins envahissaient les bars, où des coups de poing sur les tables scandaient les chansons de gaillard d'avant :

> C'est l' capitain' du *Mexico*,
> Ah ! Ih ! Ah ! Oh !
> Qui donne à boire à ses mat'lots
> A grands coups de barr' de guindau.
> Ah ! Ih ! Ah ! Oh !
>
> C'est un' sacré' vermine,
> Ah ! Ih ! Ah ! Oh !...

Déjà ivre, Jean Quibeuf reprenait le refrain de sa voix puissante, forgée par les embruns et le vent de mer, et, toujours flanqué du taciturne Tit-Ouis, se dandinait devant le zinc, « fauchait une verte en cinq sec », et s'en allait recommencer ailleurs. Plus sobre, le Cancalais laissait chaque fois son verre à moitié plein ou le chavirait sous la table, quand personne ne l'observait. Finalement, les deux hommes s'échouèrent dans une taverne de la basse ville, à l'enseigne du *Pélican hydrophobe*. L'hercule vacillait sur sa chaise ; il ressassait pâteusement à son compagnon de vieilles histoires de bord, des aventures d'alcool et de sang où il avait joué son rôle et dont le souvenir, parfois, le secouait d'un rire formidable.

Tit-Ouis écoutait, béant d'admiration.

— Sacré Jean Quibeuf ! T'en as une platine tout de même ! (L'ivresse rapproche les distances, et les deux hommes maintenant se tutoyaient.) Et, dis voir, l'autre machine... la chose du mousse des *Trois-Cousins*, c'est-il arrivé aussi ?

— Pardi ! hoqueta Jean Quibeuf.

— Alors t'as menti aux juges, tu l'as **péri**, le petiot ?

— Sûr que je l'ai péri ! Un clampin qui faisait des manigances quand j'y voulais rincer le boujaron...

Tit-Ouis ferma les yeux. Il savait ce que veut dire, dans la langue terrible des banquais, l'expression : rincer le boujaron. Et, comme s'il n'en pouvait supporter davantage, il se leva, paya les consommations.

— Où qu' tu vas ? demanda Jean Quibeuf.

Des marins en ribote passaient sur le trottoir voisin, braillant à tue-tête :

> C'est l' capitain' du *Mexico*
> Ah ! Ih ! Ah ! Oh !
> Qui donne à boire à ses mat'lots...

Jean Quibeuf, dans le bruit, lança une bordée de jurons.

— Tu te barres ?... Ah ! mais non, eh ! .. On ne lâche pas son matelot comme ça, tonnerre de D... ! Ohé ! Tit-Ouis !...

Mais Tit-Ouis avait déjà gagné la porte.

III

Cette année-là, la campagne fut particulièrement dure et les *Trois-Cousins* jouèrent de guigne. Sur le Banc, le crachin n'arrêtait pas, un crachin plus glacial que la neige et les bourrasques du plein hiver. Et le scorbut, de surcroît, s'abattit sur l'équipage. Ils étaient à fond de cale, trois pelletas et un saleur, qui voyaient leurs membres tomber en pourriture et devaient supporter encore les brutalités du capitaine et du maître d'équipage, damnant ces « crevés » dont l'absence à bord des doris compromettait le résultat de la campagne.

Tit-Ouis, du moins, restait solide au poste. Quibeuf et lui, sans se traiter en copains comme à terre, faisaient toujours bon ménage, et même il semblait que le Breton eût pris à la longue un certain ascendant sur le maître d'équipage. Mais, au rebours de ce qu'on avait supposé d'abord, il n'abusait pas de cet ascendant pour brimer ses camarades. Loin de là, et s'il fallait leur donner un coup de main, il n'attendait point qu'on l'en priât. Il était plein d'attentions touchantes, presque féminines, pour les malades des *Trois-Cousins* ; il pansait leurs ulcères, nettoyait sous eux, nullement rebuté par l'affreuse odeur de leurs selles. Et cette bienveillance qu'il déployait envers tous rendait plus inexplicable son attitude envers Quibeuf.

Comment — sinon peut-être par un effet de la loi des contrastes — un brave garçon de son espèce pouvait-il rechercher la société de cette brute, se plaire à ses propos de boucher, l'assister dans ses orgies nocturnes, sans les partager, il est vrai, Tit-Ouis, quoique ne reculant pas devant un verre de *cric*, s'arrangeant toujours pour garder son équilibre et sa raison ? Le mystère — car c'en était un — ne laissait pas d'intriguer les Grouvillois aux rares minutes où ils avaient licence d'y réfléchir. Mais ces minutes se comptaient de plus en plus : l'équipage, surchargé de besogne par la défection involontaire des quatre scorbutiques, était à bout de force. La morue « donnait » pourtant ; les palangres ramenaient chaque jour jusqu'à sept et huit cents poissons. Et l'on enrageait de penser que, sans la maladie des quatre hommes, la campagne eût pu être si bonne, si lucrative !

Un matin, Tit-Ouis, en montant sur le pont, annonça au maître d'équipage une mauvaise nouvelle : dans la nuit, le patron de sa doris, Pierre Coursaux, avait été pris de vomissements ; il avait la peau sèche, les gencives en sang, des douleurs dans les articulations et les jambes, bref tous les symptômes du scorbut.

— Tonnerre de tonnerre ! hurla Quibeuf. Il ne manquait plus que ce coup-là. Core une doris de foutue ! Et comme ça tombe ! J'ai déjà remplacé un des « avants » par le mousse. N'y a plus personne de libre à bord.

— Il y a vous, dit Tit-Ouis en regardant fixement Quibeuf.

— Moi, le maître ? Après tout, c'est une idée... V'là du temps que je n'ai pas relevé de palangres. Ça me changera. Mais il me paiera sa mistoufle, ce chien failli de Pierre Coursaux... Allons, houst, es-tu paré ? Embarque, mon gars.

IV

Les deux hommes sautèrent dans la doris, débordèrent les avirons et prirent du large. D'autres doris autour d'eux s'essaimaient sur la mer. Il faisait à peine jour. Mais le temps, par exception, était net, l'horizon clair. Et la mâture des *Trois-Cousins*, à l'ancre sur le Banc, avait une oscillation si faible que, de loin, le navire semblait immobile.

La doris, légère comme une plume, glissait sur une eau nacrée, presque sans ride, dans la direction des palangres mouillées la veille et signalées par une petite bouée de liège à la hampe de laquelle flottait un chiffon blanc. Et, celle-ci hissée, la relève commença, longue, pénible, monotone : plus de trois cents brasses de filin, chargées d'un millier d'hameçons et de presque autant de morues, à haler d'affilée, à dégarnir et à débrouiller.

L'opération, exténuante, accaparait à ce point l'attention des deux hommes qu'ils ne remarquèrent point que le temps avait changé : entre eux et les *Trois-Cousins* le brouillard avait sournoisement tendu ses feutres, et c'est tout juste si d'un bord à l'autre de la doris on se voyait. Tit-Ouis, fatigué peut-être, « mollissait » sensiblement. Et même, à un moment, il s'arrêta net, puis se baissa, comme pour arranger quelque chose à l'avant de la yole.

— Quoi ? Qué qu' tu manigances ? demanda Jean Quibeuf surpris.

— C'est une planche qui cède, maître, répondit placidement Tit-Ouis... Espérez voir que je la calfate... Là, ça y est, conclut-il en reprenant sa palangre qu'il avait amarrée à un tolet.

Le maître d'équipage jeta un coup d'œil au creux de la doris.

— Nom de D... ! hurla-t-il. C'est-il ça qu'on appelle du bon calfatage ? Tu ne vois pas que ta planque va sauter et qu'on fait eau comme une vieille passoire ?

— Vous croyez ? Alors, n'est-ce pas, c'est guère la peine de s'échiner davantage après les tantis.

— Comment ? dit Jean Quibeuf, de plus en plus ahuri.

— Puisque nous coulons ! répondit du même ton bonasse Tit-Ouis.

Et, lançant ses tantis à l'eau, il s'assit sur son banc, les bras croisés.

— Parole, il perd la boule ! murmura le maître
d'équipage, dont la stupeur commençait à se changer en épouvante.

Il regardait le Cancalais, qui le regardait aussi, et
il ne le reconnaissait plus, tant il y avait d'assurance,
de ferme et tranquille ironie dans l'expression de
ses yeux. Positivement, on eût dit que Tit-Ouis le
défiait. Et, tout convaincu qu'il pouvait être de sa
supériorité physique, Jean Quibeuf se prenait à
redouter vaguement un conflit avec ce nabot. C'est
que la situation était particulièrement critique. A
terre, voire sur le pont des *Trois-Cousins*, il n'eût
fait qu'une bouchée du Cancalais ; ici, sur cette yole
fragile, à demi submergée, il comprenait qu'un geste
trop violent, un mouvement trop brusque, précipi-
terait la catastrophe... Si encore le temps était resté
clair ! Un mille ou deux à la nage n'étaient pas pour
effrayer un homme comme Jean Quibeuf. Mais voilà
que la brume aussi s'en mêlait. Elle noyait tout. Nul
moyen de se repérer dans cette charpie de malheur.

Alors ?

Alors il n'y avait plus qu'à jouer de ruse, à essayer
de prendre Tit-Ouis par les sentiments, — quitte à
se revancher ensuite, une fois sur le pont des *Trois-
Cousins*.

— Voyons, Tit-Ouis, on est des vieux frères tous
deux... Laisse-moi rafistoler la planque.

— Non ! dit Tit-Ouis.

— Tu ne veux pourtant pas me faire boire la
goutte ?

— Si !

Cette fois, la menace était directe : Tit-Ouis en voulait à sa peau. Et Jean Quibeuf frémit à l'idée qu'il n'avait peut-être pas affaire à un fou, comme il le supposait premièrement, mais à un adversaire résolu et de sang-froid. Qu'est-ce que cela pouvait bien signifier ? Autant qu'il se souvenait, il ne s'était jamais mal comporté avec Louis Flouin ; il lui avait même témoigné une certaine sympathie. Si le Cancalais souhaitait sa perte, c'était donc qu'il avait à venger quelqu'un.

Qui ?

— Cherche bien, dit Tit-Ouis, qui paraissait suivre dans les yeux effarés de l'hercule la marche vacillante de sa pensée. Ma figure ne te rappelle personne de connaissance ?

— Oh ! Oh ! bredouilla le maître d'équipage... Attends un peu... Oui. Elle me rappelle... me rappelle... Félix Serbas, tiens !

— Je suis sa sœur, dit Tit-Ouis.

— Hein ! Sa sœur ! Une femme ! T'es une femme !

L'ahurissement reprenait le dessus chez lui sur la peur.

— C'est donc pour ça, continua-t-il, que ton livret, à part les yeux et la balafre... Pardi, c'est toi qui te l'es faite, la balafre... Je comprends. T'as emprunté le livret d'un autre... Sacrée ficelle, va !...

Tit-Ouis ou Jacqueline Serbas, pour lui restituer son vrai nom, ricana sourdement. L'eau montait

dans la doris. Elle atteignait maintenant la cheville
des deux pêcheurs.

— Au secours ! A moi ! hurla dans le vide Jean
Quibeuf.

Il espérait vaguement qu'une autre doris l'enten-
drait.

— Crie ! Appelle ! dit Jacqueline... Il criait aussi,
il appelait, Féli, quand tu lui rabotais les reins à
coups de bottes et d'épiquois... Et ce soir-là où tu
l'as attaché tout nu au grand mât, le soir où tu l'as
péri... tu te souviens... il ne voulait pas que tu lui
rinces le boujaron... Ah ! ben, c'est la mé qui va te
le rincer à toi, ton boujaron, et en grand, houp !

Trouvant peut-être que le dénouement tardait
trop, elle s'était levée de son banc et, saisissant un
aviron, elle l'appuyait de toute sa force sur la planche disjointe, pour élargir la fissure. Un craquement:
la planche cédait ; l'eau, à gros bouillons, envahissait
la doris qui tourna sur elle-même, s'enfonça...

V

Relevé, à la date du 16 avril 1907, sur le livre de
bord des *Trois-Cousins* :

« Aujourd'hui 16, par temps de brume, la doris
n° 2, montée par le maître d'équipage Quibeuf
Jean, de Grouville, et le matelot Flouin Louis, de
Cancale, s'est perdue corps et biens. Les tantis et le
béret de Quibeuf ont été retrouvés au large. La
doris n'a pas reparu. »

Le Cœur de Cire

(*Version du* Liber mirabilium.)

A M. Juste Fennebresque.

… Prestina Genialis, éveille-toi. Le jour est loin encore ; mais, si tu veux arriver à l'église avant que la première partie de matines soit commencée, il est l'heure, maîtresse.

Prestina se souleva sur sa couche et poussa un long soupir. Elle ne dormait pas quand Rohoiarn, la vieille servante osisme qui venait de lui parler, était entrée dans sa chambre. Les yeux ouverts dans les ténèbres, elle agitait de tristes pensées. La servante approcha la lampe de son visage et reconnut, à la fatigue de ses traits, qu'elle avait encore veillé.

— Tu te tueras, lui dit-elle, et tu ne rendras point la raison à ton fils.

Mais Prestina Genialis, collant sa tête contre la cloison de briques peintes qui séparait sa chambre de celle de son fils, demeura quelque temps sans répondre. L'haleine suspendue, elle semblait attentive au moindre bruit. Un cri étouffé, des soupirs mêlés de sanglots, vinrent enfin jusqu'à ses oreilles.

— Lui non plus, dit-elle en remuant douloureusement ses mains, lui non plus, il ne dort pas.

Cependant elle quitta sa couche et se remit à sa servante qui lissa ses cheveux et l'habilla à la hâte. Les deux femmes sortirent alors de la chambre. Rohoiarn accompagna sa maîtresse dans l'atrium jusqu'au seuil d'un portique à demi ruiné qui ouvrait sur la rue. Mais, arrivée là, et comme si la force lui manquait, Prestina dut s'arrêter et s'appuyer sur l'épaule de sa servante.

— Rohoiarn, dit-elle d'une voix brisée, tu ne saurais croire combien je souffre quand je suis loin de mon enfant. Il ne veut pas de mes soins, mais du moins il supporte que je continue d'habiter sous le même toit que lui ; ma chambre est voisine de la sienne ; une mince cloison de briques nous sépare seulement, et ainsi, quoique je ne le voie point par les yeux de mon corps, je reste présente à toutes ses actions. J'ai peur de le laisser seul. Si, tandis que je ne suis pas là, son triste égarement... Ah ! pensée qui me fait frémir !... Veille sur lui, bonne Rohoiarn. Tu m'as nourrie et je te suis chère, mais lui ne doit pas être moins cher à ton cœur, puisqu'il est mon fils. Je le mets sous ta garde ; je n'ai pas de bien plus précieux... Moi, cependant, j'irai prier à l'autel de Notre-Dame. C'est aujourd'hui la fête anniversaire de sa Purification. Mère de bonté, cœur saignant de toutes les plaies du sacrifice, Marie m'entendra peut-être et elle guérira mon enfant.

Prestina se tut, mais des larmes abondantes roulaient sur ses joues, et la nourrice, qui l'écoutait en silence, attachait à terre des regards chargés d'une sombre obsession.

— Maîtresse, dit-elle enfin, sois tranquille. Ton fils, le triste Œthérius, tant que je serai là, il ne souffrira aucun dommage. Pourquoi me demandes-tu s'il m'est cher ?... Ah ! si seulement tu avais voulu... Mais tu détournes les yeux ; tu m'as défendu avec colère de te parler de cette magicienne osisme... Ses secrets, ses philtres, tu les as en horreur, parce que l'Église les condamne... Prestina Genialis, je n'ai pas toujours été chrétienne. Ton père m'avait achetée d'un Saxon du clan d'Othor, qui m'avait capturée, avec d'autres de ma race, sur les grèves d'Uxantis. J'étais mariée déjà et j'étais mère. Je n'ai jamais revu les miens. A la place de mon enfant, c'est toi que j'ai nourrie et ce sont tes prêtres qui m'ont formée dans la religion du Christ. Ainsi l'avait décidé celui que je servais, et je ne résistai point. Pourquoi, quand je n'avais plus ni famille ni patrie, serais-je demeurée fidèle à des dieux qui m'oubliaient ? Maintenant donc, Prestina Genialis, je suis chrétienne comme toi. Mais ton père est mort de la hache ; ton mari est mort du poison ; tu as perdu presque tout ton patrimoine; il ne te reste plus d'autre esclave que moi, et voici que ton fils... Ah ! maîtresse, tant de malheurs frappant coup sur coup à

ton seuil, cette procession d'hôtes lamentables, je ne
sais d'où elle vient ni qui la dirige vers toi, puisque,
toi, tu es la plus pieuse et la plus noble des femmes
et que toutes les joies devraient habiter ta maison.
Des doutes m'obsèdent. Si le Dieu que tu sers...
Maîtresse, je t'en supplie, laisse-toi fléchir ! Cette
magicienne dont je t'ai parlé, cette Dumnotal que
tu méprises, elle est de ma race et elle sait des
charmes que tes prêtres ne connaissent pas. Son
nom veut dire : « Front-Puissant ». Je prends le
péché sur moi, maîtresse. C'est pour ton fils, c'est
pour Œthérius : souffre que j'aille consulter Dumnotal...

— Tais-toi, répondit seulement Prestina Genialis.
Je t'ai laissée parler jusqu'au bout, afin de connaître
dans quel abîme de dépravation ton âme était
tombée. Chrétienne, tu en es donc là de renier ta
foi et de supposer une ombre d'efficacité aux sacri-
lèges pratiques des idolâtres ? Il n'est pire aveugle-
ment. Mais tes yeux ne tarderont pas à se dessiller.
Ce jour près de naître, ce saint jour anniversaire de
la Purification de Marie, il m'apportera, je le sens,
la fin de mes maux. Ne souille plus jamais mon
oreille du nom de cette magicienne d'enfer ; ne tente
rien auprès d'elle, afin de rendre le repos à mon
fils... Ce n'est pas sa raison seulement qu'il convient
de guérir, c'est son cœur surtout, Rohoiarn, dont une
barbare a chassé Dieu... Voici qu'une espérance
invincible me soulève. J'en suis sûre à présent :
Notre-Dame intercédera pour mon fils. Elle est la

souveraine guérisseuse des cœurs ; nul ne l'invoque en vain. Par elle mon Œthérius sera sauvé.

Et, toute frémissante encore du souffle qui avait passé sur elle, Prestina Genialis, le portique de sa maison franchi, ramena son voile sur ses yeux et se dirigea vers l'église.

L'heure de matines approchait, et déjà, dans toutes les rues qu'elle traversait pour se rendre à l'office, d'autres maisons s'ouvraient et des groupes d'hommes et de femmes, précédés d'esclaves vêtus d'une saye d'écorce de bouleau et agitant des torches de résine, s'avançaient dans la même direction. C'étaient, pour la plupart, des familles armoricaines, de celles qui, associées par les Romains au gouvernement de la cité, avaient fini par prendre les mœurs, le parler et jusqu'aux noms de leurs vainqueurs. Ruinées peu à peu par les servitudes curiales, elles gardaient encore dans leur port élégant, leurs vêtements usagés, mais brodés de pourpre, quelque chose de leur splendeur passée. Des Franks et des Alains se mêlaient çà et là à leurs rangs ; on les distinguait à leurs tuniques courtes et serrées, par-dessus lesquelles ils nouaient d'énormes manteaux taillés dans la dépouille des loups et des aurochs. Leurs cheveux roux, encore tout ruisselants d'huile de frêne, étaient surmontés de casques d'une forme singulière rappelant les monstres marins de leur première patrie ; ils avaient les joues peintes d'une ocre ardente et, quoiqu'ils allassent vers le lieu de paix, ils ne s'étaient point séparés de leurs

armes. Ils causaient avec bruit, riant des pâles
Celto-Romains qui glissaient comme des ombres
auprès d'eux, ou bien, pour faire peur aux femmes,
s'amusant à choquer leurs boucliers et leurs angons.

C'était moins par dévotion que pour accomplir
quelque pénitence imposée par l'évêque Eumère
qu'ils s'arrachaient ainsi, au milieu de la nuit, à la
torpeur des orgies finissantes. Des femmes, des
jeunes filles, les accompagnaient. Celles-là aussi,
quand le vent soulevait le voile de lin blanc sans
lequel aucune chrétienne ne pouvait assister aux
offices, étaient reconnaissables à leur costume pro-
vocant et hardi, car, tandis que la pudicité des
Celto-Romaines commandait qu'aucune partie du
corps ne restât découverte à l'exception de la tête
et des mains, les robes teintes de couleurs variées
que portaient les femmes barbares laissaient à nu
le haut de leur gorge, leurs jambes et leurs bras.

Prestina arriva ainsi à l'église. C'était l'ancienne
curie transformée et, de tous les monuments qui
avaient autrefois décoré cette riche cité de Condevincum, le seul qui fût resté debout avec le prétoire
et les thermes. Partout ailleurs le marteau s'était
abattu sur les théâtres, les statues et les temples.
Eumère n'avait pas voulu que l'autel du vrai Dieu
s'érigeât sur des parvis souillés d'hommages sacri-
lèges. Aucun des sanctuaires de l'ancienne religion
n'avait échappé à ses coups ; il en avait poursuivi la
destruction jusqu'à la dernière assise ; il avait jeté
bas toutes les *cellæ*, toutes les statues, celles du

Mars Mogon, protecteur de la cité, comme celle du Volkanus tricéphale invoqué par la corporation des nautes, et le hasard seul avait épargné, dans un petit jardin solitaire attenant à la demeure de Prestina, un Cupidon de marbre rose, qui souriait appuyé sur son arc.

En avant de l'église, mais séparé d'elle, se dressait le baptistère, vaste construction de forme octogonale qui ne s'ouvrait pour les catéchumènes que deux fois l'an, à Noël et à Pâques. L'église elle-même était précédée d'un narthex couvert en appentis, d'où l'on pénétrait par trois portes dans la nef et les collatéraux. De simples rideaux fermaient ces portes. Au milieu de la nef, on avait laissé un passage pour les clercs et, des deux côtés du passage, de longs voiles blancs descendaient du plafond, qui séparaient l'assistance et empêchaient les sexes de se confondre.

Les clercs, entre temps, s'étaient rangés dans le chœur, au pied des marches qui conduisaient à l'autel principal. Des tentures précieuses, des tableaux, des guirlandes de feuillage, paraient les murs ; l'encens fumait et la cire odorante brûlait sur l'autel. L'heure du divin sacrifice étant venue, les clochettes d'or de deux acolytes en avertirent l'assemblée. Tous les fidèles se prosternèrent et, au même moment, les catéchumènes et les pénitents qui avaient pris place aux derniers rangs de l'assemblée reculèrent sur un signe du portier et allèrent s'agenouiller au dehors, sous le narthex. La messe commença.

Prestina Genialis suivit avec ferveur la consommation du saint mystère. Sa voix grave et triste se mêla pour célébrer la Vierge au chœur des autres voix féminines. Quand le diacre monta dans l'ambon pour lire l'évangile et l'épître et qu'après lui Eumère se leva pour les commenter, elle ne put retenir ses larmes, tant ce commentaire ajoutait à l'onction des textes sacrés.

— Venez tous à Notre-Dame, s'écriait le pieux évêque. Le sein de sa miséricordieuse bonté est ouvert à tous. De sa plénitude sortiront la guérison pour le malade, le pardon pour le pécheur, la liberté pour le captif, la paix pour la cité. Les anges y puiseront un redoublement de joie ; la divine Trinité en tirera une gloire nouvelle ; le Fils lui-même empruntera d'elle la substance de son humanité. Et ainsi il n'y aura personne au ciel et sur la terre qui échappera à la douce chaleur de son sein...

Or c'était le temps où la vieille métropole armoricaine des Namnètes, devenue romaine par de longs siècles de pénétration entre vainqueurs et vaincus, était tombée aux mains des Allains, puis des Franks de Chloter, et, quoique les Franks eussent reçu le baptême et que les Allains eux-mêmes eussent abjuré l'erreur criminelle d'Arius, les âmes de ces barbares étaient encore toutes gonflées d'orages, et des tueries continuelles ensanglantaient la ville.

Il fallait l'autorité de l'évêque, le prestige de sa surhumaine vertu, la crainte des excommunications qu'il tenait suspendues sur la tête des coupables, pour arrêter cette frénésie sanguinaire où le comte, nommé par Chloter, avait sa large part de responsabilité. Celui-ci ne voyait dans les familles celto-romaines et même dans les Allains que des vaincus qu'on pouvait frapper et rançonner à merci. Disposant de la force militaire, arbitre souverain de la justice, il dominait le sénat municipal, et la seule barrière à son sauvage despotisme était la parole de l'évêque, qu'une longue tradition instituait pour défenseur de la cité.

Sous ce chef sans vergogne, les durs soldats de Chloter n'avaient pas tardé à jeter la terreur dans la ville. Condevincum penchait vers son couchant. Accablées déjà par les servitudes curiales qui avaient survécu à la chute de l'empire, chassées de leurs foyers, menacées souvent dans leur vie, les familles celto-romaines, dont quelques représentants siégeaient encore au sénat municipal, n'étaient plus que l'ombre d'elles-mêmes.

Ainsi était-il arrivé à l'illustre famille des Genialis, descendante du grand druide Agedovir et florissante, jadis, entre toutes les familles sénatoriales, qui agonisait à l'écart dans sa pourpre décolorée. Le père du mari de Prestina avait été assassiné, comme il sortait de sa maison, par un Allain en belle humeur, lequel, ne trouvant où mieux ficher sa francisque, lui en avait, par jeu, défoncé la poitrine. Son fils poursuivit en vain le meurtrier : celui-ci ne fut condamné qu'à une amende dérisoire, suivant le tarif du wergeld germain ; mais cet argent du sang, ces cent sous d'or versés aux parents de la victime, n'atténuèrent point l'amertune des regrets qu'une telle mort leur avait causée, et c'est en pleurant de douleur que le second Genialis tendit à l'assassin de son père la charte de sûreté qui le soustrayait pour l'avenir à toute revendication.

Hélas ! lui-même devait périr d'une mort plus affreuse et plus lente. Ce Genialis avait une grande perfection corporelle. Sa beauté frappa les yeux d'une femme luxurieuse, mariée à un leude de la maison du comte. Au mépris de la foi jurée, et quoique Genialis lui-même fût lié par le mariage, elle l'attira chez elle sous on ne sait quel prétexte et, par les artifices et les séductions les plus abominables de son sexe, essaya de le corrompre. Genialis fut envahi d'une grande tristesse. L'horreur d'un pareil commerce s'augmentait, à ses yeux, de toute l'inquiète affection dont il enveloppait sa chère Prestina. En vain l'épouse adultère se roula à ses pieds en le suppliant et en déchirant ses vêtements. Genialis ne pouvait que la plaindre. Il allait se retirer, quand l'horrible femme, séchant ses larmes et voilant d'une résignation hypocrite la haine que le refus de Genialis lui avait inspirée :

— Du moins, lui dit-elle, et puisque tu ne veux pas m'aimer, ne me quitte pas sans m'avoir montré que tu me pardonnes. Ton courroux me serait trop cruel. Accepte, avant de quitter cette maison où je ne te reverrai plus, le présent d'hospitalité, celui qu'on ne refuse jamais sans faire à son hôte une mortelle injure.

En disant ces mots, elle alla dans une chambre voisine d'où elle rapporta une coupe pleine d'une infusion d'absinthe, mêlée à du vin et à du miel, qui est la boisson préférée des barbares. Genialis, par bonté d'âme, accepta la coupe et la vida d'un trait. Aussitôt une grande défaillance le prit ; mais, comme c'était la première fois qu'il goûtait de cette boisson, il en attribua l'effet à son défaut d'habitude. Il rentra chez lui presque aussitôt.

— Qu'as-tu ? lui dit Prestina en le revoyant. Tu es pâle comme si tu avais consulté les Sorts.

La malheureuse connut la vérité de la bouche même de son mari. Mais déjà il était trop tard. A partir de ce moment, Genialis ne fit que languir ; il perdit toute vigueur ; sa beauté elle-même dépérit, et il expira quatre jours après dans les bras de sa chère Prestina : la coupe que lui avait tendue la barbare était empoisonnée.

Prestina serait morte de douleur, s'il ne lui fût resté son fils, le jeune Œthérius, alors âgé de sept ans à peine. Elle vécut pour lui ; quoique réduite à d'infimes ressources, elle entoura sa jeunesse des soins les plus admirables.

Tandis que les barbares, par orgueil de caste, défendaient à leurs enfants d'apprendre à lire, les familles celto-romaines, soit fidélité à la tradition, soit pour se ménager un sûr moyen de relèvement, tâchaient à conserver intact l'héritage des lettres antiques. Œthérius fréquenta chez les meilleurs grammairiens de Condevincum ; il y eut pour professeur d'éloquence Phœbitius, qui devait honorer plus tard l'école de Bordeaux. Sous l'influence de ce maître, une fleur délicate d'humanisme parfuma sa jeune âme, et ses pensées se plièrent insensiblement aux lois de l'harmonie. Prestina s'applaudissait des progrès de son fils et caressait déjà l'espoir d'avoir enfanté une des lumières futures de l'Église. Œthérius ne démentait point ces généreuses illusions. La méditation des livres saints le ravissait en extase ; sa mère l'avait voué à Marie ; l'évêque le chérissait, et lui-même, dans ses prières, il hâtait le moment où son âge lui permettrait de grossir le troupeau bienheureux de ces clercs qui attendent, dans les ordres mineurs, de mériter par un long apprentissage du sacerdoce leur élévation au diaconat et à la prêtrise.

Prestina n'avait pas tort de redouter le siècle pour son fils. Tant de deuils accumulés sur sa tête justifiaient trop bien ses appréhensions. Quelle eût été la destinée d'Œthérius, s'il ne se fût point résigné à embrasser l'état ecclésiastique ? Comment, avec les débris de son patrimoine, eût-il pu soutenir son rang dans la cité ? Sans doute il eût fallu qu'il se ravalât, tôt ou tard, à quelque condition servile de potier ou de forgeron, et, malgré l'humilité chrétienne de Prestina, cette fin misérable de sa race lui était une pensée insupportable. L'Église, c'était le salut pour Œthérius. L'immunité personnelle attachée aux clercs, le respect et la crainte qui les accompagnaient, la tendre mère y voyait justement autant de sauvegardes pour son fils.

Une catastrophe imprévue vint précipiter à terre le fragile édifice de ses rêves. Œthérius, plongé dans un sombre égarement, ne connaissait plus Dieu. Renfermé dans sa chambre, seul durant les jours et les nuits, soutenant à peine sa chétive existence d'un peu d'eau et de pain, il prononçait des paroles sans suite, pleurait, soupirait et, d'autres fois, se roulait sur sa couche et battait la cloison de sa tête douloureuse. La cause de ce déplorable égarement, Prestina la connaissait trop bien et, parce qu'elle savait qu'aucune intervention humaine ne pouvait ramener son fils à la raison, elle n'avait plus de confiance qu'en la divine Mère du Sauveur.

La messe était près de sa fin. Tourné vers l'assistance, l'évêque avait prononcé les paroles de congé, et le double flot des fidèles s'écoulait bruyamment sur le parvis. Prestina était restée dans l'église. Quand l'évêque eut dépouillé ses ornements sacerdotaux et fut revenu vers l'autel pour entendre la confession des pénitents, elle s'approcha de lui et, relevant son voile, lui montra sa figure ravagée.

— Prestina Genialis, dit Eumère qui l'avait reconnue, quel deuil t'a encore frappée ?

— Seigneur, dit Prestina, c'est toujours mon fils.

— Œthérius ! s'écria aussitôt l'évêque. Oui, je sais... O le plus cher de mes enfants, qu'es-tu devenu ? Tu étais, avec Félix, la consolation de

l'Église, sa joie et sa secrète espérance. Et maintenant...

— Non ! Non ! dit Prestina vivement, Seigneur, ne
prononce pas les paroles définitives. Œthérius peut
encore être sauvé. Quelque chose me le dit, et que
ce jour où la communauté chrétienne célèbre la
Purification de la Vierge sera un jour de grâces pour
mon malheureux fils. Songe, Seigneur, que je
l'élevai dans l'amour de Marie comme jamais enfant
ne fut élevé. A elle allaient toutes ses pensées. Je
l'avais voué à la mère du Sauveur. Elle s'en sou-
viendra et elle lui pardonnera. Mais toi, Seigneur,
joins tes prières aux prières de ta servante. Si les
tiennes leur font cortège et les précèdent, elles
monteront jusqu'au trône de la sublime Miséricorde.

— Œthérius ! Œthérius ! murmura encore l'évêque,
comme si la force lui manquait pour accéder au vœu
de Prestina et que l'offense faite à son cœur de prêtre
par l'abandon de celui en qui il voyait un disciple et
un successeur fût aussi vive en lui qu'au premier jour.

— Oui, reprit Prestina, il est coupable, sans doute...
Mais il n'avait pas reçu les ordres encore. Puis
cette fille des Franks, cette corruptrice de pudicité
pour laquelle il a déserté l'autel, quoique morte
aujourd'hui, Seigneur, ne trouveras-tu pas qu'il est
juste qu'une partie de ta colère retombe sur sa
mémoire ? Sans elle... Il la vit ici même et il fut, tout
de suite, comme possédé d'elle. En vain lui rappelai-
je mon vœu, ses serments. N'allai-je pas jusqu'à lui
faire horreur d'aimer une fille de la race qui avait

opprimé et diminué la sienne ? « C'est une barbare,
lui disais-je, et une barbare a déjà causé la mort de
ton père. Prends garde à ces filles captieuses, chré-
tiennes d'hier, en qui s'agitent encore toute l'impu-
reté et la frénésie de la chair. Non, ce n'est pas pour
rien qu'elles étalent, comme des Ménades, leurs
bras blancs et leur gorge frémissante et qu'elles
laissent pendre sur leurs épaules les lourdes tresses
de leurs cheveux. Regarde ces yeux couleur d'orage :
c'est le symbole de leurs âmes agitées. Elles sont
orgueilleuses de cette beauté fragile ; elles disent
qu'elle a quelque chose de sacré et de divin. Mais
cette beauté même est grossière. Leur peau n'est si
blanche que parce qu'elles la frottent avec la levure
de la cervoise. Ainsi agissent de vrais barbares.
Comment toi, en qui s'est déposée la tradition de
tant de siècles cultivés, serais-tu sensible à des
attraits aussi vulgaires ? » Il détournait la tête et, si
je reprenais, si, lui montrant notre foyer appauvri,
notre race presque réduite à mendier, je lui disais :
« Mais cette barbare est de famille noble parmi les
Franks. Leurs lois ne sont pas semblables aux
nôtres : chez eux il faut acheter sa fiancée et lui
assurer encore, au lendemain des noces, le douaire
qu'ils appellent présent du matin. Et où trouveras-tu
l'argent qu'il faut à cet achat et à la constitution de
ce douaire ? Nous sommes ruinés... » — il détournait
la tête encore et il pleurait. Et, enfin, si je lui disais :
« Mais quand même tu serais assez riche pour
l'acheter et quand son tuteur consentirait à te la

vendre, es-tu certain seulement qu'elle réponde à ton amour et qu'elle veuille de toi pour époux ? » — il me regardait cette fois et je sentais, à l'assurance de ses yeux, que la barbare avait été prise la première et que c'est elle qui avait fait passer de son cœur dans le cœur de mon fils le feu qui le dévorait.

— Prestina Genialis, dit l'évêque, je suis, comme toi, Armoricain par le sang et Romain par l'éducation ; mais je suis évêque d'abord, et tous les membres de la communauté chrétienne sont mes enfants. Or vois où t'emporte ton affection jalouse pour Œthérius : celle dont tu me parles et que tu accuses avec de si dures paroles, elle n'est plus, et j'ai reçu sa confession avec son dernier soupir.

— Réserve donc toutes tes cruautés pour mon fils, s'écria Prestina en se levant. Cœur de pierre qui n'as de pitié que pour les morts !

— Et toi, malheureuse, répondit l'évêque, ton respect s'arrête-t-il donc aux vivants ?

— Seigneur, murmura la pauvre femme en se courbant sous l'orage de cette parole indignée, pardonne-moi. J'ai tant souffert par cette étrangère ! Et, quoiqu'elle soit morte, je souffre tant encore !

— Tu souffrirais bien davantage si le ciel devait t'exaucer, dit Eumère. A ta place je ne l'importunerais plus de mes prières égoïstes.

— Qu'Œthérius recouvre la raison, dit Prestina, non point pour m'admettre près de lui et m'aimer comme autrefois, mais pour qu'il puisse se repentir et se réconcilier avec Dieu, pour que son cœur, où

le souvenir de cette barbare est seul vivant,
retourne tout entier à Marie, Seigneur, c'est assez;
je ne souhaite point davantage.

— Viens donc, dit l'évêque, remué malgré lui
par ce touchant abandon de la mère. Tu as parlé
cette fois comme une chrétienne, et Notre-Dame
t'écoutera. C'est à son autel que nous devons l'aller
supplier ensemble. Toi, cependant, observe attentivement ce que feront les plus humbles parmi les
pèlerins qui, à ton exemple, seront venus l'implorer
pour eux-mêmes ou pour quelqu'un de leurs
proches, et, comme tu te rendras pareille à eux par
la pureté de tes intentions et la ferveur de ta foi,
imite-les aussi, ma fille, dans la simplicité de leurs
innocentes pratiques.

A ces mots, Prestina et l'évêque se dirigèrent
vers un autel placé tout au fond de l'hémicycle, à
droite du trône où il se tenait pendant les offices, et
qui était dédié à Marie.

Au-dessus de l'autel brillait l'image de cette
mère divine. Elle était représentée vêtue d'une
tunique bleue qu'une écharpe serrait à la taille ;
un voile blanc prenait la moitié de son front et,
par derrière, un manteau de couleur sombre descendait jusqu'à ses pieds, chaussés de brodequins
de cuir noir. Au-dessous d'elle, couraient des guirlandes de lierre et de houx ; des lis sauvages et
nouvellement fleuris montaient à ses côtés entre des
cierges de cire odorante, cependant que sur les
parois des murailles, sur les marches et jusque

sur les vantaux de l'autel, partout éclataient aux regards les précieux témoignages de la reconnaissance des fidèles pour les grâces dont Marie les avait comblés.

A cemoment même, deux femmes et un homme priaient sur les marches de l'autel. Les femmes étaient des Frankes de l'aristocratie et, dans leurs têtes à peine inclinées, il y avait comme une fierté cachée et frémissante.

L'homme, au contraire, misérablement vêtu de braies rayées et d'un sayon en poil de chèvre, était un pèlerin étranger, quelque membre sans doute de ces avant-gardes de l'émigration cambrienne qui commençaient à se fixer dans le Bro-Wéroc. Ses pieds gris et ensanglantés avouaient une longue marche ; une plaie horrible mangeait l'un des doigts de sa main gauche et, de son autre main restée libre, Prestina remarqua qu'il achevait de pétrir un petit doigt en cire qu'il se proposait de consacrer à Marie.

Alors, comme Eumère s'était agenouillé près des deux femmes et priait le front contre les degrés, Prestina se rappela ses paroles, et l'idée lui vint d'imiter le pauvre Breton. Elle s'approcha donc de l'étranger et lui demanda s'il lui restait encore de la cire. L'homme, sans rien dire, lui céda le reste de sa provision et, de cette cire, Prestina pétrit gauchement une petite image en forme de cœur qu'elle alla déposer ensuite, à l'imitation du pèlerin, sur l'autel de Marie.

4***

— C'est le cœur de mon fils, dit-elle, c'est son cœur d'autrefois, son vrai cœur, ô Notre-Dame, que j'apporte sur votre autel et que je vous consacre. L'exemple de cet humble Breton m'a éclairée. Car il est au pouvoir du Démon, sans doute, d'attaquer nos membres et de glisser son venin jusque dans nos cœurs. Mais si la volonté subsiste, si une foi énergique surmonte le mal dont nous souffrons, le Démon est tenu de céder et, par l'effet de votre intercession, notre désir crée l'objet désiré... Mère céleste, comme à ce pèlerin vous rendrez l'usage de son doigt malade, vous guérirez le cœur de mon fils et vous le remplirez de votre exclusif amour...

Un grand cri interrompit Prestina à cet endroit de sa prière. Elle regarda. Le Breton s'était levé et, tout tremblant, il montrait à l'évêque son doigt que rongeait naguère encore un feu invisible et d'où coulait, depuis tant de jours, un pus ensanglanté. Mais maintenant le pus ne coulait plus. Les lèvres de la plaie s'étaient rejointes et une teinte violacée commençait à se répandre sur la cicatrice, présage d'une guérison prochaine.

Alors Prestina ne douta plus et, se tournant à son tour vers l'évêque :

— Seigneur, dit-elle, pardonne à ta servante la hâte qu'elle met à te quitter. Et vous, Mère du Sauveur, pardonnez aussi à mon empressement maternel. Voici que tout crie en moi que le cœur de mon fils est guéri.

—Va donc, dit l'évêque en regardant Prestina. Mais

cette guérison, quelle qu'elle soit, accepte-la comme une grâce, et n'accuse pas le ciel qui t'a exaucée.

Prestina sortit aussitôt de l'église. Le jour s'était levé et la ville s'éveillait. Mais Prestina marchait dans un nuage, et la confusion singulière que présentait dans une même enceinte cet assemblage de ruines, de palais délabrés, de huttes de bois et de terre, les atriums transformés en écuries, les portiques abattus ou livrés aux basternes, rien dans le douloureux spectacle de la barbarie triomphante, campée sur les débris de ce qui avait été la belle Condevincum, ne lui parla comme d'habitude et ne la toucha aux plis délicats de son âme. Sa demeure à elle s'élevait à quelques pas de la Loire, vers laquelle des jardins aujourd'hui incultes la prolongeaient en pente douce. Un brouillard léger montait du fleuve, lent et peu profond, et dont les eaux, comme frappées de léthargie, somnolaient autour de bancs de sable jaune et d'îles basses plantées d'osiers et de peupliers. Elles ne faisaient entendre au passage qu'un faible bruissement et se frangeaient à peine d'un mince bourrelet d'écume en frappant contre les madriers du pont de bois qui réunissait leurs rives et aux extrémités duquel les barbares avaient construit deux grandes tours garnies de palissades. Prestina, nimbée d'espérance, les yeux au ciel, semblait l'âme d'un autre monde. Elle fut bientôt devant sa demeure. Sans doute Rohoiarn, en sa hâte de lui annoncer la bonne nouvelle, l'attendait dans l'atrium.

L'atrium était vide.

— Œthérius ! cria-t-elle, comme si son fils pouvait l'entendre. Œthérius !

Mais aucune voix ne répondit à sa voix ; personne n'accourut à son appel. Et comme, arrachant la tenture qui séparait l'atrium de la chambre de son fils, elle allait se précipiter, Rohoiarn parut en titubant sur le seuil.

— Œthérius ! cria pour la troisième fois Prestina. Œthérius est guéri, n'est-ce pas ?

— Oui, dit farouchement l'esclave, guéri pour jamais, guéri par la Mère de ton Dieu, comme les dieux de Dumnotal et les miens n'ont jamais guéri personne. Tandis que tu priais à l'autel, Notre-Dame est entrée ici. Il y avait quatre cierges devant elle et quatre cierges derrière elle. Elle s'est penchée sur ton fils ; elle a posé sa main sur son cœur ; elle a souri et elle s'en est allée. Et maintenant lui est mort et moi je suis aveugle (1)...

Prestina ne l'écoutait plus. Ecartant l'impie, elle pénétra dans la chambre de son fils qui reposait, les mains jointes, les traits sublimisés par l'extase ; ses cheveux faisaient une couronne sombre autour de son beau front pâle et sur ses yeux violets ; l'odeur du Paradis flottait sur ses lèvres...

— Gloire à Marie ! dit Prestina Genialis.

Et elle expira.

(1) Suivant une note du *Liber*, le châtiment de Rohoiarn n'aurait été que temporaire : un nouveau miracle de Notre-Dame aurait ouvert en même temps ses yeux et son âme à la lumière.

Le Cheveu d'Or

A M. Francis Chevassu.

Sur le pont du baliseur qui nous menait aux Roches-Douvres, nous causions près du rouff, mon ami Archibal Macleod et moi, en fumant des cigarettes dont le vent marin se chargeait de consumer la meilleure partie. Un peu plus loin, appuyée sur le bordage, la blanche Mrs. Macleod semblait prendre un vif intérêt aux explications que lui donnait le conducteur des ponts et chaussées, Pierre Lemale.

Je n'avais pas vu Archibald depuis deux ans : je n'avais pu assister à son mariage. Je savais, par ce que m'avait écrit mon ami, que Mrs. Macleod s'appelait Maud, qu'elle avait vingt-trois ans et qu'elle était la veuve d'un vieux laird du Caithness, dont le yacht avait fait naufrage dans la Manche. Seule des passagers et de l'équipage, Maud, excellente nageuse, avait réussi à se sauver. Archibald s'était épris d'elle et venait de l'épouser. Ils faisaient leur voyage de noces en France ; ils avaient visité les gorges du Tarn, les châteaux de la Loire, le Bocage vendéen. Mrs. Macleod désirait terminer son périple par le nord du littoral ; elle voulait connaître des phares, — « des phares de pleine mer », me disait dans sa lettre Archibald. Singulier caprice, pensais-je, pour une nouvelle mariée. Mais les femmes sont si bizarres — et Maud était si jolie ! Presque trop jolie : sa beauté avait quelque chose d'ensorcelant. De fait, et à voir comme il regardait Mrs. Macleod et la singulière impression que semblaient lui faire ses yeux smaragdins, le sourire énigmatique de ses lèvres minces, mais délicieusement arquées, surtout le lourd chignon de cheveux fauves, comme pailletés d'étincelles électriques, qui se tordaient sur sa nuque et que l'étreinte de trois peignes d'écaille avait peine à maîtriser, je commençais à craindre sérieusement pour la raison de ce brave Pierre Lemale.

Archibald partagea sans doute mon appréhension, car il se leva peu après et s'approcha du bordage en demandant à Maud :

— Que vous raconte donc là M. Lemale, *darling ?*

— Oh ! dit Maud avec une petite moue de reproche, vous avez interrompu M. Lemale à l'endroit le plus palpitant... Ce n'est pas bien... Continuez, Monsieur Lemale.

— Mrs. Macleod, dit le conducteur en se tournant vers nous, voulait savoir ce qui m'était arrivé de plus extraordinaire au cours de mes tournées d'inspection dans les phares de grand atterrage.

— Mettez-moi au courant, je vous prie, dit Archibald.

Un léger battement de paupières, une imperceptible rougeur, trahirent seuls la contrariété de Mrs.
Macleod. Elle donna une petite tape de son face-à-
main sur les doigts d'Archibald.

—Vous êtes insupportable, *dear*. Je croyais que la
curiosité était un vice féminin... Enfin allez, Monsieur Lemale.

*
* *

— Vous ne connaissez pas les Roches-Douvres,
dit M. Lemale. La silhouette du phare est à peine
visible du continent par temps clair. Et, même aujourd'hui, à cause du papillotement de l'atmosphère,
nous ne l'apercevrons guère avant une demi-heure.
Le plateau de granit rouge qui porte le phare est,
d'ailleurs, très peu élevé au-dessus des flots, qui le
recouvrent complètement à marée haute, ne laissant
émerger que la partie supérieure de la tour, fine et
pointue comme une dague... Les Roches-Douvres
ont à présent trois gardiens ; mais elles n'en avaient
que deux à l'époque dont je vous parle. On « relevait »
les gardiens tous les quinze jours. Le régime de cet
« isolé » de pleine mer est, en effet, des plus pénibles ;
il est, de tous nos phares de la Manche, le plus éloigné de la côte et le plus exposé par conséquent. On
vit là, l'hiver surtout, dans une solitude absolue. Si
loin que s'étende le regard, rien que la mer et le ciel.
L'oppression de ce double infini n'est supportable
que pour de vieux professionnels. Aussi a-t-on tou-

jours soin de choisir pour gardien-chef un homme d'âge et d'expérience.

Il y a trois ans, ce gardien-chef était un certain Quéré, vieux garçon misogyne, mais très bienveillant avec ses collègues et qui avait fini par trouver à son existence de reclus un charme si profond qu'il fallait lui faire violence pour l'obliger à quitter le phare quand c'était son tour de descendre à terre. L'autre gardien, Talabardon, était, au contraire, un homme de vingt-six ans, gai, vif, bien découplé, qui sortait du service et qui venait de se marier. Talabardon et Quéré avaient fait jusque-là très bon ménage. Le vétéran initiait le novice à la manœuvre de l'appareil et des colliers de guidage, l'occupait, le distrayait, le réconfortait aux minutes de découragement. Jamais Quéré ne s'était plaint de Talabardon, ni Talabardon de Quéré.

Nous eûmes, vers la fin de mars, toute une série de gros temps, avec neige et houle de noroit, qui empêchèrent de faire la relève du phare au jour fixé. Mais nous n'étions pas inquiets sur le sort de Quéré et de Talabardon, qui avaient des vivres pour un mois. La tempête finit par se calmer ; la mer redevint maniable, et le baliseur mit le cap sur les Douvres.

D'habitude, les gardiens nous attendent sur la plate-forme du phare, pour nous aider à accoster. Mais, ce jour-là, par exception, aucun d'eux n'était dehors. Je sautai vivement à terre, suivi du gardien de relève Postic. J'appréhendais un malheur. Pourtant le phare n'avait pas mis son pavillon en berne...

La porte était entre-bâillée. J'appelai, sitôt entré, pensant que les gardiens étaient dans la cage de la lanterne. Ne recevant aucune réponse, j'escaladai l'escalier. Personne ! Je redescendis ; je visitai toutes les pièces du rez-de-chaussée, la chambre des gardiens, la chambre de l'ingénieur, la cambuse. De Talabardon et de Quéré il n'y avait trace nulle part.

Qu'est-ce qui avait bien pu se passer ? Le phare, la veille encore, avait marché normalement. Il ne s'était pas allumé tout seul : donc, la veille encore, Talabardon et Quéré étaient vivants. Alors ?... Alors il restait que l'accident, car il ne pouvait s'agir que d'un accident, s'était produit le matin même : l'un des deux hommes avait peut-être été enlevé par une lame, et l'autre s'était noyé en essayant de lui porter secours...

J'en étais là de mes réflexions, quand Postic, qui explorait le platier, me cria :

— Par ici, Monsieur le conducteur ! Ah ! *ma Doué*, ils ont fait exprès de s'exterminer ! Ils ont leurs doigts noués autour du cou comme pour s'étrangler.

C'était vrai. Dans une petite crique, au ras de l'eau, sous une charge de fucus qui les avait dissimulés à mes regards, les deux gardiens étaient affalés l'un sur l'autre. Une atroce expression de haine crispait encore leurs traits. Ils avaient dû tomber à la mer en se colletant sur la plate-forme du phare et, au lieu d'essayer de se sauver, ils avaient continué sous l'eau leur sauvage corps à corps ; l'asphyxie même n'avait pas relâché leur étreinte.

— Quéré a les yeux mangés par les crabes, observa Postic. La mort certainement doit remonter à dimanche ou lundi...

Et nous étions au jeudi ! Mais qui donc, en ce cas, jusqu'à ce matin 6 avril, avait allumé le phare à leur place ? L'énigme, passablement compliquée déjà, s'embrouillait de plus en plus.

— Hèle le baliseur, dis-je à Postic. Il faut qu'il aille tout de suite chercher un second gardien et prévenir la justice.

— Et les corps ? demanda Postic.

— Tu les porteras dans la baleinière.

— Mais le baliseur ne sera pas de retour aux Douvres avant demain ?

— Ce qui veut dire que tu as peur de rester seul ? C'est bon. Je passerai la nuit avec toi.

Au vrai, si j'avais pris cette détermination, c'était moins pour obliger Postic que dans l'espoir de trouver un indice quelconque qui me permît de voir clair enfin dans ce tragique imbroglio. La mer crée d'étroites solidarités entre les hommes qui vivent dans son intimité redoutable ; les gardiens sont un peu nos enfants, et il y a, dans l'affection que nous leur portons, quelque chose de plus que l'intérêt du supérieur pour ses subordonnés. La mort de Talabardon et de Quéré m'avait frappé comme un malheur personnel ; j'y flairais une vague odeur de crime et n'étais pas disposé à lâcher le criminel si

j'arrivais à le dépister. Mais comment y parvenir ?
Je pensai soudain (et il était extraordinaire que je
n'y eusse pas songé plus tôt) au registre que tiennent
les gardiens et où ils consignent heure par heure
les menus incidents de leurs factions nocturnes. Si
la clef du mystère se trouvait quelque part, c'était
dans ce registre. Pourvu qu'il n'eût pas disparu !...
Je rentrai précipitamment dans le phare : le registre
était sur la table. Je l'ouvris avec un battement de
cœur. Ma signature, au folio 34, me donnait la date
de ma dernière visite. Les folios suivants ne conte-
naient que des indications sans intérêt, relèvement
de feux, températures, vents. Et, tout à coup, une
lacune : huit folios, à la file, avaient été arrachés,
déchirés. Le reste du registre était vierge. Le mystère, au lieu de s'éclaircir, s'épaississait.

— Evidemment, dit Archibald, quelqu'un s'était
introduit dans le phare.

— Quelqu'un, appuyai-je, dont le nom était porté
sur ce registre et qui avait intérêt à ne pas se faire
connaître...

M. Lemale secoua la tête.

— C'est d'abord ce que je me suis dit... Un nau-
fragé, en somme, un pêcheur, un marin du commerce, avait pu être recueilli par les gardiens au
cours de cette tempête de nord-ouest qui couvrit
d'épaves toute la côte de la Manche. Mais comment
expliquer qu'il les eût poussés à s'entre-tuer ?

— L'inconnu avait peut-être sur lui une fortune. La convoitise a pu s'éveiller chez les deux gardiens...

— Cette hypothèse a aussi été envisagée, dit le conducteur. Mais ni dans le phare, ni sur le platier, ni dans les poches de Quéré et de Talabardon, on n'a trouvé la moindre somme d'argent. D'ailleurs, ajouta-t-il, une découverte singulière que je fis le soir même en me mettant au lit me montra l'inanité des pistes que j'avais suivies jusque-là. Vous savez que, dans tous les phares, il existe une chambre spéciale destinée aux hôtes de passage. C'est dans cette chambre que je couchais. Postic était en train de changer les draps, quand je le vis qui écarquillait les yeux.

— Eh bien ! qu'est-ce, Postic ?

— Oh ! Monsieur le conducteur, dit Postic, la voix défaite, regardez... Un cheveu...

— Un cheveu ?...

— Si long, si fin, si doré !...

— Montre !... Mais oui, c'est vrai, un cheveu blond... un cheveu de femme...

— De femme ? dit Postic en hochant la tête. Je le voudrais bien. Mais il n'y a pas de femme qui ait des cheveux comme ce cheveu-là.

— Pas même la femme de Talabardon ? demandai-je.

— La femme de Talabardon est brune, dit Postic, et son chignon tiendrait dans le creux de ma main.

— D'où tu conclus ?...

— Ah ! Monsieur le conducteur, dit Postic à

voix plus basse et comme s'il eût craint qu'on ne
l'entendît, est-ce que tout n'est pas clair comme de
l'eau de roche, maintenant ? C'est une morgane donc,
une sirène, si vous préférez, que Talabardon et
Quéré ont recueillie dans le phare et qu'ils ont en-
fermée dans cette chambre... Alors, comme il arrive
toujours, les deux hommes sont tombés amoureux
fous de la morgane, et ils se sont tués pour ses beaux
yeux... Voilà !

— Tu déraisonnes, avec tes morganes, Postic,
dis je sévèrement. Comment un homme sensé peut-
il croire à de pareilles sornettes ?...

— Mais enfin, Monsieur le conducteur, dit Postic, si c'était à une femme qu'il appartenait, ce
cheveu de malheur, la femme serait encore ici. Nous
l'aurions trouvée, ou son cadavre tout au moins...
Tandis que la morgane... Ah ! c'est autre chose, la
morgane ! Elle connaît le chemin de la mer, la morgane, vu que c'est son élément, à cette diablesse...
Et elle n'a pas dû mettre longtemps à faire le plon-
geon, une fois débarrassée de ses amoureux...

— Je vous ai cité toute cette conversation, poursuivit M. Lemale, moins pour vous édifier sur la
mentalité singulière de certains gardiens de phare
en l'an de grâce 1905 qu'afin de vous montrer qu'aucune hypothèse, si folle, si invraisemblable soit-
elle, n'a été laissée de côté par nous et par les magistrats qui continuèrent après nous l'enquête. De

cette enquête, d'ailleurs, et malgré tous nos efforts, rien de net, de précis, n'est résulté. Outre Talabardon et Quéré, le phare, très probablement et pendant plusieurs jours, a recélé un troisième hôte dont le cheveu trouvé par Postic indique suffisamment le sexe. Mais il eût fallu plus qu'un cheveu pour nous sortir de ce labyrinthe. Il eût fallu surtout qu'on connût quelque part sur la côte une femme qui eût des cheveux analogues à ce cheveu, je veux dire aussi fins, aussi longs, aussi dorés que lui. Or cette femme, après trois ans de recherches, j'avais fini par acquérir la conviction qu'elle n'existait pas. Restait donc l'hypothèse de Postic...

— La *mermaid*? interrogea Maud, en accompagnant sa question de cet indéfinissable sourire de ses lèvres minces, qui faisait un contraste si déconcertant avec l'expression de virginale limpidité que gardaient en tout temps ses grands yeux verts d'océanide.

— Oui, la *mermaid*, la morgane, la sirène ou tout ce que vous voudrez, dit nerveusement M. Lemale.

— Et vous avez renoncé à la *mermaid* ? dit à son tour Archibald.

— J'y ai renoncé sans y renoncer ; toutes les *mermaids* ne finissent pas en queue de poisson. Il s'en glisse aussi quelquefois sous les jupes des femmes...

— M. Lemale est Normand, expliquai-je à sir Archibald.

— Je ne comprends pas très bien, dit Archibald.

Mais avez-vous toujours ce cheveu extraordinaire, Monsieur Lemale ?

— Je ne m'en suis jamais séparé, dit le conducteur, en faisant jouer le ressort d'un petit médaillon de vieil argent qu'il portait à sa chaîne de montre et qu'il nous présenta tout ouvert. Le voici...

Il me sembla bien qu'à ce moment les yeux de Mrs. Macleod perdaient quelque peu de leur sérénité. Une ombre en gâtait le limpide orient. Quant à sir Archibald, il n'eut pas plutôt jeté les siens sur l'intérieur du médaillon qu'il s'écria :

— On dirait un des cheveux de Maud... Oh ! c'est tout à fait étrange ! Ne pourriez-vous pas me prêter un moment le médaillon ? Je serais très heureux de faire la comparaison de plus près.

— Volontiers, dit M. Lemale, qui détacha la breloque et la tendit à Archibald.

Par malheur, Mrs. Macleod eut à ce moment précis la déplorable idée de s'accrocher au bras de son époux, et ce geste involontaire ou calculé (mais il est vrai que le roulis était assez fort) eut pour résultat de faire lâcher prise à sir Archibald ; le médaillon que lui tendait M. Lemale tomba dans la mer, où, à 500 brasses de profondeur, il était plus que téméraire de l'aller jamais repêcher. Je regardai le conducteur. Il était devenu très pâle ; l'abîme venait d'engloutir sous ses yeux l'unique pièce à conviction qui pouvait témoigner contre le fauteur de la mort des deux gardiens. Maud, au contraire, avait repris tout son aplomb et, dans ses excuses mêmes, tintait comme un défi :

— Oh ! quel malheur !... Un si joli bijou !... Archi, il faudra indemniser M. Lemale... En vérité, je suis inexcusable de ma maladresse...   .

— Les Roches-Douvres ! A deux milles sous le vent ! lança par derrière nous, formidable comme un tonnerre, le pavillon d'un porte-voix.

C'était le capitaine Pasquiou, vieux loup 'de mer, roux et trapu comme un triton, qui, du haut de la passerelle, nous prévenait à sa façon de l'approche du sinistre écueil. Nos yeux, malgré nous, se portè-rent vers le point signalé : droite, grise, métallique, la tour du phare se profilait sur l'horizon avec la ri-gidité d'un de ces grands chandeliers mortuaires qu'on plante autour des catafalques. De fait, sa vue n'évoquait en nous que des idées de meurtre et de deuil.

— Moi, dit Mrs. Macleod à M. Lemale, voici com-ment j'expliquerais les choses. Je ne crois pas aux *mermaids*. Je suis trop *practical* pour cela. Je n'ai besoin que d'une femme jeune, séduisante, un peu coquette, — comme moi, si vous voulez, — échappée d'un naufrage ou tombée à la mer et recueillie par vos gardiens dont elle partage la vie pendant toute une semaine. Est-ce sa faute, à cette femme, si ces hommes rudes et grossiers, qui n'ont jamais frayé qu'avec des maritornes, s'affolent d'elle tous les deux ; si le plus vieux devient férocement jaloux du plus jeune pour qui l'inconnue semble marquer

quelque sympathie ; si tous les deux, un soir, enga-
gent sous ses yeux une lutte sauvage, sans merci ;
s'ils meurent enfin tragiquement tous les deux ?...
Est-ce que ces histoires-là n'arrivent pas tous les
jours ? La femme reste seule dans le phare après la
mort des gardiens... Le soir, elle allume la lampe
de la lanterne, comme elle l'a vu faire à ses compagnons... Elle ne veut pas que des vaisseaux périssent
par sa faute... Elle attend sans crainte l'arrivée du
baliseur et l'enquête des magistrats français...
Pourtant elle préférerait n'être point mêlée à un
drame judiciaire : il en rejaillit toujours, sur la réputation des gens, quelques éclaboussures, et, une
occasion se présentant pour elle de quitter le phare
sans tapage, elle la saisit avec empressement, non
sans avoir pris la précaution d'arracher les feuillets
du registre qui trahiraient son incognito... C'est un
pêcheur, je suppose, qui l'a vue et qui a répondu à
ses signaux... Elle a encore, dans sa bourse, une
poignée de dollars. Elle les lui promet s'il sait se
taire et s'il la débarque dans un port voisin d'où elle
câblera pour se faire rapatrier... Il se trouve que le
pêcheur est discret, que le câble est libre et que le
rapatriement s'opère dans les conditions souhai-
tées... Et voilà, Monsieur Lemale, comment, sans
intervention de la mythologie sous-marine, j'arrive
à expliquer parfaitement ce que vous appelez le mystère des Roches-Douvres... Oh ! c'est un titre bon
pour les romanciers, *le Mystère des Roches-Douvres*,
pour Wells ou pour Conan Doyle... Mais vous n'êtes

pas romancier, Monsieur Lemale ; vous êtes conducteur des ponts et chaussées, ce qui est plus *practical*...
Il faut être *practical* dans la vie, Monsieur Lemale...

Le conducteur s'inclina sans répondre, peu dési-
reux sans doute de prolonger un débat superflu.
Mrs. Macleod, d'ailleurs, avait déjà passé à un autre
sujet de conversation et s'enquérait près d'Archibald si l'on avait mis au frais les huîtres et le sau-
terne que nous avions apportés de Lézardieux. Oui,
elle était *practical*, elle, la blanche, la virginale Maud !
Et comme, quelques instants plus tard, tandis qu'on
descendait la baleinière, je retrouvais M. Lemale
appuyé à l'écart sur la lisse de bâbord :

— Vous pensez toujours à la *mermaid* des Roches-
Douvres ? lui dis-je en souriant.

Il me regarda d'un air de reproche.

— Alors, quoi ! Vous êtes fâché contre Mrs. Macleod ? Ce n'est pas gentil. Il y avait un cheveu dans
votre existence : elle vous l'a enlevé.

— Je songe, dit un peu emphatiquement M. Lemale, à cette force étrange qui pousse tous les crimi-
nels, *mermaids* ou simples humains, à venir rôder
autour des lieux où ils ont laissé du sang.

La Maison des Mines

A Lucien Meyer.

Vous vous rappelez, mon cher Lucien, cette grande maison solitaire devant laquelle nous passâmes, un soir de septembre, en revenant des mines abandonnées de Poullaoüen. Vous n'êtes point fait à nos chasses de Bretagne, et ces longues foulées dans les ajoncs vous avaient littéralement coupé les jambes. Il nous restait encore deux kilomètres de route avant d'arriver chez le fermier qui nous hébergeait ; ce n'eût guère été en d'autre temps, mais vous étiez si las que l'idée vous prit de frapper à la première closerie venue et d'y demander un coin pour reposer.

Il bruinait légèrement, et peut-être que vous ne vîtes point le trouble que me causa votre détermination. Je savais qu'il n'y a qu'une habitation jusqu'au village ; si les circonstances l'eussent permis, je vous aurais fait prendre à travers champs pour l'éviter ; mais il n'y fallait point songer avec votre lassitude et mes mauvais yeux, et je me résignai à garder le chemin.

Nous arrivâmes ainsi, à la nuit tombante, devant une grande maison, qui avait tous ses volets clos et d'où ne sortait aucun bruit.

J'eus beau faire, je ne pus vous empêcher de franchir le courtil et de cogner à la porte ; mais il ne parut point qu'on se hâtât de vous répondre. Les deux niches du courtil étaient vides, les étables fermées au verrou, et j'en usai pour vous persuader que la maison était abandonnée depuis peu et qu'il fallait nous remettre en route de toute nécessité.

C'est seulement alors, me dîtes-vous, que vous vous aperçûtes de l'agitation où m'avait jeté votre conduite. Je ne pouvais plus la cacher, et il est vrai que je tremblais et que j'avais la tête en feu. Je ne me remis qu'une fois à la ferme. Mais tant que dura l'étape, qui fut longue et que vous coupiez des plus gros soupirs que j'aie entendus, je ne cessai point d'être inquiet. Cependant la table me ranima ; je demeurai avec le fermier deux ou trois heures de nuit à fumer et à bavarder près des cendres. Pour vous, le potage n'était point desservi que votre chaise bascula et qu'il fallut vous porter au lit. Quelle souche ! Vous dormîtes bien dix-huit heures sans désemparer. Encore fus-je obligé de vous réveiller, parce que la diligence de Morlaix passait sur le midi ; mais vous y reprîtes aussitôt votre sommeil, et je ne le troublai point cette fois jusqu'à la gare où nous nous séparâmes.

Je ne songeais plus à cette histoire, vraiment sans intérêt bien appréciable pour vous, mon ami, quand

votre lettre de ce matin me l'est venue rappeler.
Vous me savez assez brave et vous vous étonnez que
j'aie pu montrer tant d'émotion à la simple idée de
loger une nuit chez des inconnus...

Mon cher Lucien, je vous veux faire, pleine et entière, ma confession, comme je vous l'eusse faite de
vive voix la nuit même de notre équipée, si vous
n'aviez poin. eu cette nuit-là, et pour parler à la
façon d'Homère, un bœuf sur les yeux.

Il y a deux ans, pendant les vacances de la Tous-
saint, je fus appelé à Poullaoüen. J'y venais pour la
première fois ; ma femme possédait aux environs
quelques menus biens dont nous songions à nous
défaire ; le notaire de la localité me pria de l'aller
voir pour les conditions et je partis.

Vous connaissez, mon cher Lucien, cette triste et
dure Cornouaille où s'enfonce, presque au sortir de
la ville, le grand chemin de Morlaix à Poullaoüen.
Les Arrhées y sont littéralement à vif, et c'est
seulement sur la pente méridionale qu'on trouve
un semblant de végétation. Je ne sais point de
désolation comparable. Toute vie est absente de
là, et il y paraît bien à l'éloignement des habita-
tions. N'était la diligence deux fois le jour, un
roulier encore ou le cabriolet de quelque vétérinaire
en tournée, ce serait la solitude absolue.

Plus bas, dans les prairies qui bordent la montée,
dans les landes de Pleyber et du Cloître, il n'est
point rare de rencontrer un petit gars paissant ses
vaches, une pastoure sur ses douze ans, avec le

surcot de droguet et cette étrange jobeline noire qui donne à la plus jolie un air monacal et vieillot.

Mais ici, rien : ni gens ni bêtes.

Et qu'y feraient-ils ? Il y a de ces moments où les Arrhées, même en été, sont secoués de tempêtes épouvantables, de vraies trombes venues de la mer qu'on voit reluire au loin comme une plaque d'or, par les temps clairs de juillet, et qui ont ramassé en route, pour en composer le plus étourdissant des aromes, toutes les senteurs de la grève, des prairies, des landes et des bois. Et elles hurlent, elles se démènent, elles donnent de la tête contre cette muraille de grosses pierres d'un rouge plombé, à croire à un effondrement général du plateau, et si acharnées, si ingénieuses, multipliant l'attaque, tournant, virant, filant par les brèches, rebroussant contre les roches et, comme épuisées, s'arrêtant net tout d'un coup, pour reprendre avec des clameurs, des sifflements, des piailleries de mauvais drôles dont on tire les oreilles, une rage impossible, féroce, presque bouffonne à force d'exaspération, — et là-dessous toujours le même grand souffle profond, la même basse invariable, pareille à un tonnerre...

Sont-ce elles qui ont ainsi dépouillé les Arrhées, mis le granit à vif, raclé tout humus ? Le fait est qu'un bourriquet de six semaines n'y trouverait point à tondre seulement la « largeur de sa langue ». Il n'est pas jusqu'au versant méridional, quoique mieux garanti des vents, où ne se risque pour toute végétation qu'un peu d'orseille moisie, de ronce ou de ces touffes d'un petit jonc saumâtre et brun qui pousse ici, comme au bord de la mer, dans les creux du feldspath.

Mais c'est la chaîne elle-même qu'il faut voir, et, dans la chaîne, la crête, prodigieuse échine pélasgique, tailladée et crevée à coups de foudre et dont il ne demeure que les arêtes. Sous ce ciel bas et gris, dans cette longue solitude et avec leur coloration sanglante, les Arrhées de Cornouailles devaient faire peser sur l'imagination bretonne quelque chose de l'horreur sacrée d'une Thessalie.

Au vrai, les sorciers y abondaient autrefois et, les sorciers disparus, les rebouteux y viennent encore sous la lune cueillir dans les bas pâtis l'herbe de quinte-feuille contre les ulcères et l'aigremoine calmant des nubilités hâtives. A Berrien et au Squiriou, qui sont les hameaux les plus proches, on parle, aux veillées, des sabbats qu'y mènent certaines nuits Hoc'h-Braz et Gewr-Meur, monstres extravagants, panommates et polybraches : voilà qui fait justement le pendant de l'Hadès camburnien et des hécatonchires de l'Œta. Et cette désolation dure des lieues et des lieues ! Aux environs de Berrien, la terre reprend un peu ses droits, les cultures reparaissent, les arbres aussi. En réalité, les arbres seuls viennent bien dans ce sol avare, sans sucs, les arbres de grosse futaie, lents à pousser et qui se satisfont pour leurs primes ans d'un humus médiocre. De Berrien à Poullaoüen, en passant par le Huelgoat, on ne voit que pins, sapins, tsuges, mélèzes, épicéas. Ils dévalent comme une invasion, s'accrochent aux rochers, poussent jusque dans l'eau, font des ponts naturels sur les gouffres avec leurs troncs éboulés et entre-croisés.

Et tout à coup, au Huelgoat, à Poullaoüen, deux immenses clairières s'ouvrent dans ce cirque d'arbres noirs : ce sont les mines, et la désolation recommence.

Poullaoüen, où la voiture publique, après un relais d'une demi-heure au Huelgoat, me déposa dans l'après-dîner, est perché, avec ses quatre auberges et son église, sur une petite butte granitique que la diligence escalade presque verticalement et qu'elle dégringole de même pour continuer sur Carhaix.

On dirait un tronçon de rue formant rallonge entre la grande route qui cesse et la grande route qui reprend.

Les maisons, basses, mal aérées, tombent d'ennui autant que de vétusté, et l'étude de mon notaire, pour surmontée qu'elle fût des traditionnels panonceaux en cuivre poli, ne faisait point exception avec son crépi écaillé, ses pentures branlantes, ses volets disloqués.

L'intérieur répondait à l'extérieur, si j'en juge au moins par l'unique pièce du logis que je visitai : une grande salle d'un blanc grisâtre, sans rideaux ni tapis, meublée seulement d'un vaisselier, de quatre chaises et d'une table ; *item*, sur la cheminée, un chien de faïence et deux bouquets de papier peint, trois chromolithographies sur les murs et une nappe en toile cirée sur la table, où des pointillés rouges et verts s'ingéniaient à représenter le Trocadéro et l'exposition de 1878.

Je ne m'attardai point plus que de nécessité, ai-je besoin de vous le dire ? dans cette manière de réfectoire barbare, suant la tristesse, l'épargne, l'irrémédiable médiocrité d'âme et de goût, et, dès que j'eus réglé les conditions de la vente, je me fis conduire à la ferme où nous avons logé depuis et qui est jouie, suivant la belle expression notariale, par un vieux tenancier de la famille de ma femme : Hervé Trogadec.

A tout hasard, et comme dans toutes ces excursions que je fais en Bretagne, j'avais amené avec moi mon fusil et mon chien. Il y a chez nous fort peu de terres gardées : ce serait le paradis du petit chasseur, s'il s'y trouvait un peu moins de talus et qu'ils n'eussent point tous la hauteur d'un deuxième étage. Mais je suis du pays, moi, mon cher Lucien, et cette gymnastique, qui vous amusait d'abord et qui avait fini par vous couper la respiration, me serait plutôt un excitant et le meilleur apéritif aux bonnes soupes grasses du retour.

Je m'informai donc près du brave Trogadec de l'état du gibier indigène et, comme il m'assura que le lièvre foisonnait aux alentours de sa ferme et que même, dans la direction des mines, j'avais chance de lever deux ou trois compagnies de perdreaux, je me

décidai à passer la journée du lendemain à Poullaoüen.

Le lendemain, à l'aube, je partis.

Je n'avais point voulu avec moi de rabatteur.
Pour retrouver mon gîte, je me fiais sur la pointe du
clocher de Poullaoüen, qu'on devait voir d'assez loin,
et là-dessus j'entrai en campagne.

Je ne vous parlerai point de la chasse que je fis
et qui fut médiocre, d'ailleurs. J'étais mal disposé,
nerveux, les doigts agacés ; c'est tout juste si je
démontai une couple de perdreaux, mais de lièvre
point ni de lapin davantage.

Sur les cinq heures, je songeai à m'en revenir.

Je pensais bien ne m'être pas trop éloigné de
la ferme et je ne hâtais pas trop le pas. Ce qui
m'étonnait un peu, c'était de ne pas voir le clocher,
encore que je fusse placé en contre-bas du bourg.
J'avançais tout de même et dans la direction que je
croyais être la bonne, comptant me renseigner en
route, quand, au débucher du petit chemin creux
que je suivais, je me trouvai à l'improviste sur la
grève de Poullaoüen.

Une vraie grève, en effet.

Une grève dont la mer se serait congelée, vitrifiée,
déposée en je ne sais quelle matière sans nom,
huileuse et noire comme du bitume.

Le soir venait, et cependant, à la surface de cette
sinistre asphaltite, de grands cercles rougeâtres
apparaissaient nettement encore, d'énormes ornières
concentriques, vestiges des anciens puits, toutes

pleines d'une rouille boueuse où trempaient de maigres herbes mangées d'oxyde. Et la grève, plus sinistre peut-être que cette mer de bitume et les grands cercles rouges qui s'élargissaient à sa surface, la grève, avec ses myriades de grenailles d'arséniate et de sulfure, tantôt entassées par longs bancs parallèles où l'on enfonçait jusqu'aux genoux, tantôt comme jetées à la volée, disséminées çà et là sur un sol grisâtre, crevassé, où le couchant les allumait de flammeroles rapides, la grève courait tout autour, s'enfonçait là-bas dans les terres, si loin, vers l'Ouest, qu'on la perdait de vue et qu'on restait à chercher vers quelle gueule d'enfer, quel Erèbe invisible, elle et la mer tachée de cercles rougeâtres roulaient ainsi à l'infini...

Je n'avais point encore visité les mines de Poullaoüen, ou plutôt ce qui subsiste d'elles, et la sauvagerie de ce spectacle, l'espèce de malédiction qui semblait peser sur tout le paysage et qui en faisait quelque chose de désolé par une colère divine, à la façon de Sodome et de Gomorrhe, me frappa profondément.

Je portai les yeux de tous les côtés ; mais où finissait la grève aucune trace d'habitation ne se montrait nulle part.

Un silence de tombe couvrait la mine : pas un cri d'oiseau, pas même ce bruissement presque insaisissable, ce vague et confus murmure qui monte comme une palpitation du plus profond des solitudes.

De grandes landes rigides s'étageaient aux extrémités des parois de la cuvette ; vers l'Est seulement, un rideau de peupliers et d'ormes pouvait masquer quelque métairie.

Je m'y dirigeai à tout hasard.

Il y avait bien derrière le taillis une maison, une maison solitaire, comme morte, les volets clos, toute sa façade fendue de grandes lézardes verticales qui laissaient voir le dessin des pierres, — et, que ce fût chez moi une prédisposition ou que vraiment la maison eût en soi quelque chose de funèbre, loin de me sentir rassuré, j'éprouvai, au contraire, je ne sais quel redoublement d'effroi et comme une envie folle de jeter là carnassière et fusil et de détaler à toutes jambes, droit devant moi, au petit bonheur, tant que je n'eusse plus sous les pieds ce terroir de malédiction...

Je ne parvins pas sans peine à me ressaisir.

J'entrai enfin dans le courtil où il y avait, comme au soir où vous y pénétrâtes, deux niches à chien garnies de paille ; mais cette fois une des niches était habitée.

Chose curieuse, l'animal n'aboya point à mon approche. Il ne se releva pas, ne me regarda pas.

Seulement, comme je frappais à la porte, et réveillé peut-être de sa somnolence par le bruit du canon de mon fusil contre le vantail, je le vis qui tendait le cou avec une sorte de contraction douloureuse, et en même temps il poussa un hurlement si triste, si lamentable, que le cœur me défaillit une fois encore et que je fus sur le point de m'enfuir.

Heureusement des sabots claquèrent dans le corridor. La porte s'ouvrit ; une femme (une vieille, autant que l'ombre me permit d'en juger, et rhumatisante ou boiteuse) me jetait un rapide coup d'œil, après lequel, sans me demander ce que je désirais, elle se dirigea vers la cuisine, mais en laissant la porte ouverte derrière elle, comme pour m'inviter à la suivre.

Je connaissais trop les habitudes d'hospitalité des fermes bretonnes pour hésiter à accepter cette invitation silencieuse, et j'entrai.

Un petit feu de landes et de bouses séchées couvait dans le foyer sous un chaudron rempli de pommes de terre.

La femme, toujours sans rien dire, s'agenouilla devant l'âtre et souffla dans les cendres pour activer la flamme ; puis, tandis que je déposais mon fusil dans un coin et que j'avisais l'escabeau le plus proche, elle se retourna vers moi et dit doucement :

— Si c'est que vous êtes égaré, Monsieur, et que vous n'ayez pas mangé, il y a du pain et du lard dans la huche ; mais, pour ce qui est de vous remettre en chemin, avec la nuit qui est bientôt venue, il faudra que vous attendiez le retour de ma fille Annan qui est allée porter du lait chez M. le recteur, car vous voyez que personnellement j'ai grand'peine à me traîner jusqu'à la porte.

Elle me disait cela d'un air d'humilité qui me frappa. Je la regardai plus attentivement : elle devait toucher à la cinquantaine ; mais, vraiment, elle était aussi démolie qu'une octogénaire. Ses cheveux étaient tout blancs et pendaient par grosses mèches sur son cou et sur ses tempes, sans qu'elle prît soin de les ramener sous son serre-tête de laine noire autrement que par un geste machinal, dont elle avait aussi bien l'air de chasser je ne sais quelle pensée obsédante. Elle était ridée, courbée, le cuir ocreux, les narines pincées et dures. Mais c'étaient ses yeux surtout qui étaient étranges : il ne s'y trouvait point que de l'angoisse ; par instants on eût dit qu'ils regardaient en dedans et, par instants, qu'ils passaient au travers de vous.

À ce moment, le chien, qui s'était tu depuis mon arrivée, poussa un nouveau hurlement.

Je ne pus me garder d'un petit frisson involontaire ; mon hôtesse tressaillit aussi, mais avec quelque chose de plié et de fait à ce tressaillement qui devait se répéter plusieurs fois par jour et qu'elle n'avait pu encore maîtriser.

— Ah ! dit-elle, il n'y en a plus qu'un qui hurle à présent. Je me suis séparée de l'autre, qui était le plus vieux, parce que je croyais que c'était lui qui faisait hurler son camarade ; mais je vois bien que, pour avoir la paix, il me faudra renoncer aussi à celui qui reste.

Je crus, sur ces mots, qu'il y avait quelqu'un de malade dans la maison et je m'en informai près de mon hôtesse.

Elle secoua la tête, passa sa longue main osseuse sur son front en ramenant ses mèches qui retom-

bèrent tout de suite, puis murmura d'une voix
sourde et que j'eus peine à entendre :

— Non, non, c'est pis que ça, pis que ça. Vous ne
pouvez pas savoir.

— Pis que ça ! répétai-je en moi-même. Qu'est-
ce donc qui se passe ici ?

Et le souvenir de la mine, la vision demeurée
présente de cette façade de maison morte, le hurlement périodique de ce chien halluciné, l'étrangeté
enfin et les frissons de mon hôtesse, tout cela, et la
nuit qui était tombée et qui rendait l'air extérieur
d'une opacité sépulcrale, ne fit que grandir encore
l'impression de mystérieuse terreur où avait commencé de me jeter mon débarquement sur la grève
de Poullaoüen.

L'hôtesse avait placé sur la table un pain de seigle
enveloppé dans une grosse serviette de toile blanche,
un pichet de cidre et un plat creux à fleurs, en
terre de Quimper, où il y avait du bœuf salé et du
lard.

Une heure auparavant, j'aurais fait honneur à cette
collation improvisée et à laquelle m'avaient suffisamment préparé les fatigues de mes foulées dans
les landes ; mais mon appétit était tombé tout à
fait, et ce fut plutôt pour me composer une attitude
et ne point froisser mon hôtesse que je fis mine de
couper un morceau de pain et de piquer du bout du
couteau une tranche de lard dans le plat. La vieille,
à croppetons près du feu, continuait à souffler sur
les cendres. Il devait être déjà tard. Je regardai ma

montre, mais elle s'était arrêtée à six heures précises, à peu près au moment où j'étais entré, et, comme je cherchais s'il n'y avait point dans la cuisine une de ces antiques horloges à gaine de bois sculpté, qui sont, avec les lits-clos, les armoires, le pétrin et la table, tout le meuble des fermes bretonnes, je vis avec étonnement que celle du lieu marquait la même heure que ma montre et qu'elle aussi était arrêtée.

J'allais demander à l'hôtesse de me renseigner sur l'heure approximative, quand le sable du courtil, un sable singulier que j'avais remarqué en entrant et qui était fait de petits grains de galène noire, cria sous un pas rapide, et presque aussitôt la porte s'ouvrit et une jeune fille parut.

Elle portait une cruche sur la tête, posée sur un torchon replié, dont elle se débarrassa en arrivant.

Elle ne sembla manifester aucune surprise de ma présence et, sans un mot, alla s'accroupir à côté de l'âtre, d'où elle regarda avec une expression de grosse joie sensuelle sur toute sa figure la chaudronnée de pommes de terre qui bouillait pour le repas du soir.

Qui était-ce ?

Annan, sans doute, car l'hôtesse ne dit rien en la voyant entrer et examina seulement si le pot était vide. Rassurée sur l'issue de la commission, elle revint vers moi.

— C'est Annan, Monsieur, me dit-elle. Elle va vous reconduire tout à l'heure à Poullaoüen ; elle connaît le chemin de suffisance pour y marcher les yeux fermés. Vous n'aurez qu'à la suivre, mais, pour engager la conversation avec elle, n'en prenez pas la peine : elle est muette et, en outre, innocente. Elle ne sait rien de rien, sinon de porter le lait au marché et chez les clients du bourg, de manger, de boire et de dormir. Dieu l'a faite ainsi, et ce n'est peut-être pas la plus malheureuse.

Je regardai la pauvre fille qui n'avait pas bougé du foyer. Quel âge pouvait-elle avoir ? Vingt ans peut-être, mais sur cette figure épaisse et rouge, avec ces yeux à fleur de tête, ce nez écaché et la légère salive blanche qui moussait continuellement aux commissures de sa bouche, il était difficile de poser un âge. Elle semblait toujours n'avoir d'attention qu'aux pommes de terre ; les paroles de sa mère, ma présence, l'avaient complètement laissée indifférente, quand, au beau milieu de son extase, elle lâcha une sorte de petit gloussement rauque et porta son tablier à sa figure comme pour se cacher.

Au même moment aussi le chien poussa un cri long, aigu, désespéré.

Mon hôtesse pâlit visiblement et eut à son tour un tremblement d'effroi si peu déguisé que, ne sachant ce qui advenait et devinant seulement qu'il y avait quelqu'un ou quelque chose que je ne voyais point et qui avait pénétré là, passé là, qui était là peut-être encore et que voyaient ou sentaient cette idiote, cette vieille et ce chien, je me levai précipitamment et, d'instinct, me rapprochai du coin où j'avais déposé mon fusil.

Fût-ce l'effet de ce mouvement ou celui de la disparition de l'objet de sa frayeur, mais presque aussitôt les mains d'Annan retombèrent et, sans transition, elle se remit à contempler la marmite avec la même expression de joie bestiale que tout à l'heure.

Seule, la vieille garda quelque chose de la terreur sacrée qui l'avait envahie en même temps que sa fille. Les yeux baissés maintenant, elle demeurait dans cette sorte de stupeur, voisine de l'inconscience, qui suit les émotions trop vives.

Enfin, comme si elle parvenait à secouer la chape de plomb qui la rivait au plancher, elle se tourna vers moi en joignant les mains et me dit pour toute explication :

— Vous voyez ! C'est comme cela des quatre et des cinq fois par nuit à partir de six heures. Aucun valet n'y a pu résister, aucune servante ; deux de mes filles sont parties ; il n'est resté qu'Annan et moi, elle parce qu'elle est innocente et moi parce que je ne peux point m'en aller d'ici qui est la maison de mes parents et que je ne sais quoi de plus fort que ma volonté m'y oblige à demeurer quand même.

L'énervement me prit.

— Mais, au nom du ciel ! que se passe-t-il à la fin chez vous ? m'écriai-je. Je ne conçois rien à vos transes : je n'ai rien vu, rien entendu tout à l'heure, rien entendu que le chien, rien vu que votre fille et vous ; il faut que vous soyez folles toutes deux. Oui, pardieu, et, que je m'égare ou non dans la nuit, je ne resterai pas une seconde de plus dans une maison pareille et où je finirais moi-même par laisser ma raison.

— S'il ne s'agissait que de vous égarer ! dit la vieille, mais vous tomberiez sûrement dans quelque fondrière. Espérez encore un peu, de grâce : les patates sont cuites et, quand Annan sera rassasiée, elle vous conduira sur l'instant. Elle ne raisonne point ; il faut attendre que sa faim soit calmée pour obtenir d'elle quelque chose. Sans quoi elle ferait quatre pas dehors et vous planterait là tout à trac pour revenir à sa pitance. Espérez un peu, Monsieur...

Elle s'exprimait si doucement, presque avec l'air de me demander pardon de m'avoir laissé entrer chez elle, que je m'en voulus de m'être emporté et que, la remerciant en quelques mots, j'acceptai sa proposition.

— Seulement, dis-je, et puisque j'ai encore un quart d'heure à patienter, apprenez-moi la cause de cette terreur maudite qui pèse sur tout ce pays et sur vous et qui est si forte que j'en ai moi-même le frisson sans savoir pourquoi.

Mais elle secoua la tête et tordit ses mains, comme épouvantée de la révélation à faire.

— Non, non ! dit-elle. Cela ne se peut pas. Je ne puis vous raconter cela. Vous le saurez toujours bien d'un autre... Mais moi, comment vous dire ?

Cette fois, ma patience fut à bout.

Je n'écoutai plus rien ; je crois que j'aurais tout préféré à l'incertitude, dans l'état d'énervement où j'étais.

— Au diable vos mystères ! m'écriai-je. Puisque vous ne voulez rien me dire, eh bien ! je m'en irai tout de suite, certain que je serai encore mieux dans une carrière ou un trou de mine pour finir la nuit que sous votre toit...

Et, passant mon fusil en bandoulière, je m'acheminais directement vers la porte, quand la femme, qui s'était contentée de joindre les mains et de pâlir sous l'injure que je faisais à son hospitalité, poussa un nouveau cri et, me montrant du doigt l'angle du corridor où j'étais parvenu :

— Là ! Là ! Devant vous !... C'est... Ah ! mon Dieu ! mon Dieu !...

L'émotion me cloua sur place et je regardai à mon tour.

Mais j'eus beau enfoncer mes yeux dans ce recoin dont je n'étais pas éloigné de trois pas et que frappait obliquement la clarté du foyer, je ne vis rien, rien.

Seulement, près de l'âtre, l'idiote continuait à glousser, au dehors le chien à hurler, et, derrière moi, la femme, le bras tendu, les yeux fixes, disait toujours :

— Là ! Là !

Quelle idée insensée me passa à ce moment par la tête ? Quelle exaspération subite me prit contre ce fantasme, cette chimère, ce néant, ce « rien », qui se rencognait « là » et qui affolait ces femmes et cette bête ?

Toujours est-il que, sans plus réfléchir, soit instinct de la conservation, soit pour me convaincre davantage de ma lucidité dont je commençais à douter fortement, je lançai dans le vide, à hauteur d'homme et juste dans la direction que m'indiquait le bras de la vieille, un coup plein et sec, qui logiquement aurait dû aller frapper la cloison et qui, comme arrêté, sans que j'en ressentisse le choc, par un objet étranger, s'interrompit net à mi-chemin.

Et alors, alors, oui, mon ami, aussi vrai que je suis tranquillement assis à ma table et que j'ai toute ma raison en vous écrivant ces choses extravagantes, énormes, dont j'arrive à douter moi-même, là, de ce coin, de cet angle de corridor que j'aurais pu boucher de mes deux bras ouverts, un cri partit, un cri pareil à celui d'un homme que mon poing aurait frappé au visage et que cette attaque aurait plus surpris que blessé et plus soulagé encore que surpris, un véritable rugissement de joie, de délivrance, mais si inattendu, si terrifiant enfin, après les émotions que j'avais ressenties déjà, que sans un mot, comme un fou, tête baissée, je me précipitai au dehors et courus droit devant moi, dans la nuit, à l'aventure, sans savoir où, galopant les cheveux raides, la chemise collée à la peau, — et si vous me demandez comment, au bout de je ne sais combien de minutes ou d'heures d'une course pareille, mon fusil ballant sur l'épaule, toujours talonné

par cette peur abominable qui me mordait aux jambes, j'arrivai sans avoir roulé dans un seul trou,
buté contre un seul talus, à l'entrée du village de
Poullaoüen, je vous répondrai, mon cher ami, que
c'est miracle et que l'explication des miracles n'est
point de ma compétence.

Quelques maisons, par bonheur, étaient encore
éclairées ; des portes bâillaient ; j'entrevis des gens
qui causaient, buvaient, s'occupaient à des travaux
du soir.

Vous ne sauriez croire l'impression de rasséréne-
ment, de bien-être, que me fit ce simple tableau de
la vie normale. En quelques minutes, je fus remis,
le pied solide, et m'en voulant presque déjà comme
d'un enfantillage de la frayeur que j'avais éprouvée.

J'arrivai ainsi chez Trogadec.

Le bonhomme était sur le pas de sa porte, inquiet
de mon retard.

— Ah ! Monsieur, quelle peur vous m'avez faite !
Votre chien est rentré sans vous, il y a bien deux
heures. J'ai cru que vous vous étiez blessé, cassé la
jambe, que sais-je ? J'allais partir à votre recherche...
Certainement que vous avez dû vous égarer.

— C'est vrai, dis-je, Trogadec. Quelle heure
est-il ?

— Huit heures donc tout juste, Monsieur. Mais,
Jésus Seigneur ! vous êtes en nage ; on dirait que
vous avez couru. Reposez-vous bien vite et ne
vous découvrez pas que la suée ne soit arrêtée.
Vous mangerez après.

Il passa dans la cuisine pour donner ses ordres à la ménagère et rentra presque aussitôt. J'avais jeté ma carnassière dans un coin. Il s'en approcha pour voir si la chasse avait été bonne et si ses pronostics s'étaient vérifiés. Mais comme il ouvrait la bouche, probablement pour me parler de sa déconvenue en n'apercevant au tableau ni lapin ni lièvre :

— Trogadec, lui dis-je, qu'est-ce que c'est que cette grande maison aux volets clos, en contre-bas du bourg, où habitent une vieille femme et sa fille ?

Il eut un geste de surprise effrayée :

— La maison des mines ? Vous n'êtes toujours pas entré dedans ? me demanda-t-il en écarquillant les yeux.

— Tout de même, dis-je.

Et, comme sa frayeur paraissait redoubler :

— Mais enfin, Trogadec, qu'est-ce qu'elle a d'extraordinaire, cette maison des mines ? Qu'est-ce qu'on y voit ?

— Ce qu'on y voit, Jésus Seigneur ! fit le fermier. Mais vous ne savez donc pas ? C'est la maison de Jakès Morvan, l'ancien porion qui avait découvert un secret pour le lavage des galènes..., la maison où il « revient » toutes les nuits depuis sept ans. Personne ne veut plus demeurer là ; il n'y a que sa femme et la cadette de ses filles, parce qu'elle est idiote, qui sont restées. Pour or ni pour argent, elles ne trouveraient un chrétien qui consentît à s'anuiter chez elles.

— Jakès Morvan ! dis-je un peu songeur. Et pourquoi « revient-il », ce Jakès Morvan ?

— Pour faire sa pénitence sur la terre, sans doute, dit Trogadec. De son vivant, avec toute sa fortune, il n'y avait point un pire fesse-mathieu dans les deux Cornouailles : aussi les pauvres de la paroisse avaient-ils oublié depuis longtemps le chemin de sa maison. Mais il arriva qu'ignorant sa réputation d'avarice, une vieille mendiante de Coat-an-Noz, nommée Godec Craz, qui était entrepreneuse de pèlerinages et qui se rendait à Notre-Dame du Relecq pour le compte d'un client, frappa certain soir chez Jakès et demanda l'hospitalité au nom de Notre-Seigneur Jésus-Christ. Elle était bien tombée ! Justement ce fut Jakès qui lui ouvrit et la vieille reçut tout de suite son paquet : « Voleuse ! rôdeuse de grand chemin ! échappée des galères ! Veux-tu bien déguerpir ou je lance mes chiens à tes trousses ! » Godec eut beau en appeler aux sentiments chrétiens du grigou, lui dire qu'elle le paierait de ses charités en prières et qu'elle ne demandait qu'une écuellée de soupe et un coin de grange pour la nuit, il riposta aigrement qu'il n'avait que faire des oraisons d'autrui et que les siennes suffisaient amplement à ses besoins. « Es-tu sûr qu'elles suffiront toujours ? » dit la vieille en changeant de ton. Cette question insidieuse porta à son comble l'exaspération de Jakès qui osa lever le poing sur Godec et l'envoya rouler dans la boue... Ah ! Monsieur, il ne fait pas bon s'attaquer aux pauvres du bon Dieu, et il en est, de ces pauvres, qui sont plus puissants qu'on ne croit ! Un sort est vite jeté. Jakès ne tarda pas à s'en apercevoir. Dès le soir même, au moment de se mettre au lit, quand il voulut dire ses prières, impossible de s'en rappeler les premiers mots. Comprenez-moi bien : notre homme n'était pas devenu muet ; les autres mots du langage se présentaient comme d'habitude à son esprit ; il n'y avait que ceux de ses prières qui lui échappaient. Et le lendemain et les jours suivants, jusqu'à sa mort, il en fut tout pareil. Le malheureux s'épuisait en efforts désespérés pour retrouver les premières syllabes du *Pater* et de la *Salutation angélique* ; sa femme, ses filles, les lui soufflaient l'une après l'autre. Peine perdue : sa langue était liée et, bretons ou latins, les mots sacrés, comme de la poix, lui restaient collés à la gorge...

— Il fallait appeler le médecin, hasardai-je.

— On l'appela, dit Trogadec. Et M. le recteur aussi, dont c'était plutôt l'affaire. Il exorcisa même Jakès. Rien n'y fit. Et, trois ou quatre jours après l'exorcisme, sur le coup de l'angélus de six heures, on trouva le malheureux la face contre terre. Il était mort.

Trogadec s'arrêta, comme réfléchissant.

— Il avait pourtant fait amende honorable dans les derniers mois de sa vie, reprit-il : les pauvres étaient reçus à sa table, couchés dans ses draps, et il leur distribuait le meilleur de son revenu, tandis que lui-même couchait sur la paille et se contentait de pain bis et d'eau claire. S'il avait pu demander pardon à Godec, tout aurait sans doute fini par s'arranger. On rechercha la vieille ; mais elle resta introuvable. Peut-être qu'elle était morte elle aussi...

— Et son maléfice lui survivait ?

— Evidemment, puisque Jakès continue à « revenir ». C'est sa pénitence qu'il accomplit, vous dis-je, et elle ne doit prendre fin, si ce qu'on raconte est vrai, que le jour où son *anaon* (1) aura subi le même traitement qu'il avait infligé de son vivant à Godec... Il attendra pas mal de temps, car en conscience, Monsieur, *quel est le chrétien qui voudrait donner un coup de poing à un mort, fût-ce pour hâter sa libération ?*

. . . .

Et voilà tout au long, mon cher Lucien, pourquoi je refusai de vous suivre et la raison de mon trouble et l'explication de tant d'efforts, de prières, de reproches et d'injures, pour vous décider à quitter le seuil de cette grande maison solitaire devant laquelle nous passâmes, un soir de septembre, en revenant des mines abandonnées de Poullaoüen.

(1) Ses mânes.

FIN

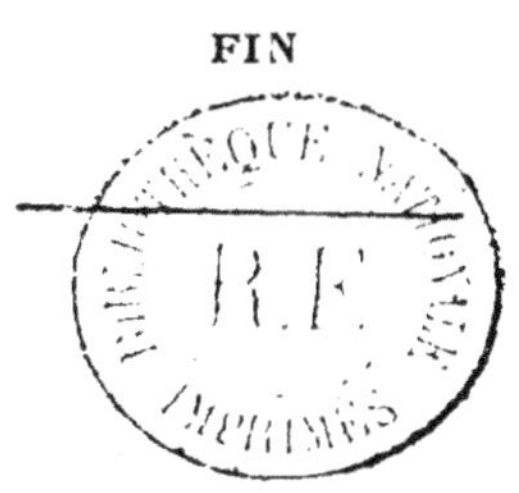

Table des Matières

Poitiers. — Société française d'Imprimerie et de Librairie.

9 782329 814193